Autoformação de formadores de professores:
uma construção na relação teórico-prática do
"chão" da sala de aula

© Maria José Zanardi Dias Castaldi, 2012

Castaldi, Maria José Zanardi Dias
   Autoformação de formadores de professores: uma construção na relação teórico-prática do "chão" da sala de aula / Maria José Zanardi Dias - São Paulo : SESI-SP editora, 2012. (Prata da casa. Publique-se SESI)
   304 p.

ISBN 978-85-8205-002-6

1. Educação 2. Formação de professores I. Título

CDD – 370.71

Índices para catálogo sistemático:
1. Educação : Formação de professores
Bibliotecárias responsáveis: Elisângela Soares CRB 8/6565
              Josilma Gonçalves Amato CRB 8/8122

SESI -SP Editora
Avenida Paulista, 1313, 40 andar, 01311 923, São Paulo - SP
F. 11 3146.7308 editora@sesisenaisp.org.br

Maria José Zanardi Dias Castaldi
Autoformação de formadores de professores:
uma construção na relação teórico-prática do
"chão" da sala de aula

SESI-SP editora

SESI-SP editora

Conselho editorial
Paulo Skaf (Presidente)
Walter Vicioni Gonçalves
Débora Cypriano Botelho
Neusa Mariani

Prata da Casa

Editor
Rodrigo de Faria e Silva

Editora assistente
Juliana Farias

Capa e projeto gráfico
Paula Loreto

Apoio
Valquíria Palma

Diagramação
Rafael Teixeira

Revisão
Entrelinhas Editorial
Gisela Carnicelli

Projeto desenvolvido em parceria com a Divisão de Educação do SESI-SP, sob a diretoria de Fernando Antonio Carvalho de Souza.

Agradecimentos

A Deus pelo milagre da criação.

À memória do meu pai e à minha mãe, meus primeiros e grandes educadores.

Ao Jurandir, meu marido, pela compreensão, pelo apoio e pelo companheirismo na difícil tarefa de estar junto na ausência.

Ao César Augusto, meu filho, essência da minha existência, meu maior orgulho, pelo apoio incondicional no caminho percorrido.

À professora doutora Vera Maria Nigro de Souza Placco pela importante orientação, estímulo, coautora deste trabalho e, sobretudo, pela amizade e carinho gerados pela nossa convivência.

Aos professores doutor Júlio Groppa Aquino e doutora Clarilza Prado de Sousa que compuseram a banca para o exame de qualificação e defesa pelas valiosas contribuições que me proporcionaram reolhar o caminho.

À Pontifícia Universidade Católica de São Paulo, especialmente às professoras do Programa de Estudos de Pós-Graduação em Psicologia da Educação, pelos caminhos apontados.

A todos aqueles que direta ou indiretamente contribuíram para a realização desta pesquisa, em especial:

À professora Amélia Inácio Pereira de Magalhães, diretora da Diretoria de Educação Básica do Sesi-SP, pelo estímulo, pela compreensão nas ausências, pela confiança e pela possibilidade de sonharmos juntas.

Ao doutor Cláudio Vaz, então diretor regional do Sesi-SP,

pela autorização, sem a qual, esse trabalho não existiria.

Aos amigos e funcionários da DEB/Sesi-SP que me estimularam nesse percurso, notadamente, aos analistas pedagógicos e supervisores da GESE por estarem ao meu lado, apoiando e acreditando nos meus sonhos.

Aos sujeitos da pesquisa pela dedicação, pelo trabalho, por terem compartilhado a história da construção desta dissertação.

Aos meus amigos que conviveram e compartilharam preocupações e alegrias vivenciadas nesta experiência.

Apresentação

A busca empreendida da possibilidade da formação de professores por meio da autoformação de formadores percorreu um mar que é (e continua sendo) muito navegado: "o chão da sala de aula".

O objetivo desta pesquisa é identificar uma possibilidade de formação: de autoformação na ambiência do contexto escolar por meio de um projeto denominado Projeto *in loco* e, ao mesmo tempo, a partir das mudanças sinalizadas pelos sujeitos, reorientar processos formativos com professores da educação básica.

A metodologia utilizada pautou-se na abordagem das histórias de vida, por meio da autobiografia educativa, investigando a vida profissional de seis sujeitos de profissão formadora de formadores (JOSSO, 1988, 1999, 2004). Essa metodologia constitui-se em poderoso instrumento para analisar criticamente o realizado, para questionar a sua validade, os sentidos que são produzidos pelo sujeito, para si e para o outro, permitindo buscar respostas e significados. As narrativas dos sujeitos foram analisadas considerando as singularidades e subjetividades desses sujeitos, porém a interpretação revelou um conjunto de similaridades, possibilitando identificar eixos de análise: concepção da aprendizagem de si próprio e do formando; sentimentos desvelados quanto à representação dos formadores; saberes produzidos e sentidos revelados; sinalização de mudanças; e metáforas sobre o vivido em sala de aula.

A conclusão apresenta que viver as próprias práticas na ambiência do cotidiano escolar é revelador de muitos saberes, sentimentos e reflexões e, principalmente, de descobertas que são reconhecidas na singularidade de cada sujeito, e vão engendrando o poder da autoformação, na interação e parceria formador/formando.

Neste trabalho, apresento a compreensão sobre a autoformação em um processo complexo de relações e inter-relações com o outro e consigo mesmo que desvela a importância do empenho de cada sujeito na formação do outro, para entender a própria formação.

Dissertação apresentada originalmente em 2004 à banca examinadora da Pontifícia Universidade Católica de São Paulo, como exigência parcial para obtenção do título de mestre em Educação – Psicologia da Educação, sob a orientação da professora doutora Vera Maria Nigro de Souza Placco.

Aluna[1]

CONSERVO-TE o meu sorriso
para, quando me encontrares,
veres que ainda tenho uns ares
de aluna do paraíso...

Leva sempre a minha imagem
a submissa rebeldia
dos que estudam todo dia
sem chegar à aprendizagem...

– e, de salas interiores,
por altíssimas janelas,
descobrem coisas mais belas,
rindo-se dos professores...

Gastarei meu tempo inteiro
nessa brincadeira triste;
mas na escola não existe
mais do que pena e tinteiro!

E toda a humana docência
para inventar- me um ofício
ou morre sem exercício
ou se perde na experiência...

---

[1] Meireles, 1983.

Há de chegar o grande momento. Os anjos também aplaudirão, quando Cecília Meireles, lá do céu, refizer o poema "Aluna", pois a aluna agora encontra beleza dentro da sala de aula; ela não mais ri do professor, porém, ri com o professor, porque práticas pedagógicas foram ressignificadas e, nesse momento, ela aprende.

A "Aluna" não mais encontrará a pena e o tinteiro na escola, não por causa da inovação tecnológica, mas porque existirá um "chão" na sala de aula impregnado de significados que a mobilizará ao aprender sempre.

Sumário

I. Introdução.. 17
1. Origens teóricas e contextuais do problema de pesquisa......18
2. Localizando o problema 22
II. Aprender a ser professor 29
1. Concepção de formação 29
2. Um olhar sobre a formação inicial 32
3. A formação continuada 37
3.1 Um breve panorama da formação continuada de professores 39
3.2 Conceito de formação continuada 41
4. Pensando a autoformação por meio da autoaprendizagem...50
III. Contexto histórico da investigação 57
1. O processo de formação de professores na rede escolar Sesi-SP 60
2. O Projeto *in loco* 61
3. Aporte teórico do Projeto *in loco* 66
3.1 Olhando a realidade por meio do Projeto *in loco* 71
3.2 Quando somente a reflexão não basta................................73
4. Os sujeitos da pesquisa: analistas pedagógicos e sua formação no Sesi-SP. 77IV. **Metodologia – referencial teórico e processos utilizados** 85
1. A trajetória inicial 85
2. Anunciando o caminho nos referenciais teóricos do método autobiográfico 95

3. O recorte na abordagem do método autobiográfico
– autobiografia educativa 97
4. Caracterízação dos sujeitos desta pesquisa 103
4.1 Identificando os Analistas Pedagógicos 105
5. Etapas e processos da pesquisa 107
5.1. A primeira etapa – autobiografia educativa inicial 107
5.2. A segunda etapa – relatórios 111
5.3. A terceira etapa – autobiografia educativa final 112
6. Passos percorridos na análise dos dados 119
6.1. Fase preliminar da análise dos dados coletados 121
6.2. Fase final da análise dos dados coletados 128
V. Os dados coletados e sua análise 131
1. Clarificando intenções 131
Eixo 1 – Concepção da aprendizagem de si e
do formando 134
Eixo 2 – Sentimentos desvelados quanto à representação
de formador 166
Eixo 3 – Saberes produzidos e sentidos revelados em
relação à sua ação, ao Projeto *in loco*, ao professor,
ao aluno, às ambiências 194
Eixo 4 – Sinalização de mudanças: o que levarão para
os encontros de formação 220
Eixo 5 – Metáforas do vivido em sala de aula 239
2. Em busca de mais uma compreensão da investigação 246
2.1 Conhecimento da formação de si 247
2.2 Descobertas de suas aprendizagens 250

2.3 Sentimentos desvelados 253
2.4 Reconhecimento da escolha profissional 255
VI. Considerações finais 261
1. Introdução 261
2. Considerações metodológicas finais 263
3. Considerações sobre os eixos da análise 265
Eixo 1. Concepção da aprendizagem de si próprio e
do próprio formando 265
Eixo 2. Sentimentos desvelados quanto à representação
de formador 266
Eixo 3. Saberes e sentidos revelados em relação
à sua ação, ao Projeto *in loco*, ao professor, ao aluno,
às ambiências 268
Eixo 4. Sinalização de mudanças: o que levarão para
os encontros de Formação 271
Eixo 5. Metáforas sobre o vivido em sala de aula 273
4. Sintetizando os reflexos desta pesquisa para a
formação de formadores 275
4.1 A vivência do Projeto *in loco* nesta pesquisa 276
4.2 Contribuições à autoformação e sua importância
para a formação de educadores 278
4.3 Ilações dos eixos analisados – diretrizes para propostas
de formação 283
4.4 Movimentos no caminhar: dificuldades, desafios,
superações, descobertas, avanços 286
4.5 Fechando o caminho percorrido 290
VII. Referências bibliográficas 297

Quadros

Quadro 1. Objetivo da formação nas dimensões pessoais, práticas e profissionais 100

Quadro 2. Síntese: primeira etapa da pesquisa – Passos para a autobiografia educativa inicial 110

Quadro 3. Síntese: segunda etapa da pesquisa – Passos para os relatórios dos registros das atividades desenvolvidas 112

Quadro 4. Síntese: terceira etapa da pesquisa – Passos para a autobiografia educativa final 115

Quadro 5. Matriz de análise 122

I. Introdução

Autoformação de formadores de professores: uma construção na relação teórico-prática do "chão" da sala de aula.

A educação é um processo inerente ao homem, que, por sua incompletude, busca respostas durante toda a sua existência, na conquista da própria humanização. Na relação com o mundo, o homem apropria-se da cultura, do conhecimento, de novas competências e habilidades. No percurso rumo a essa conquista, ressalto a educação escolar como um segmento que, cada vez mais, nos impõe desafios diante das céleres mudanças nos diferentes campos do conhecimento, nas diferentes organizações sociais e nas diferentes culturas.

Em um mundo de crises paradigmáticas, no qual as crenças, os conceitos e os modelos estão marcados por dificuldades e incertezas, por trágicos processos de desumanização nas diversas áreas do conhecimento humano, em que a globalização representa a contradição de processos ora evolutivos ora involutivos das relações humanas, existe a necessidade de rever nossas utopias e nossos projetos. Nesse contexto, como fazer para dar conta da organização de práticas educativas que redundem efetivamente em aprendizagem, em processos que ensinem a pensar, a organizar informações, a utilizar o conhecimento em novas formas e situações, a buscar outros conhecimentos, outras competências e habilidades?

A formação dos profissionais da educação tem sido apontada como um caminho impregnado de possibilidades para a descoberta e a construção de conhecimentos/saberes e competências que contribuem para o enfrentamento da reconstrução de práticas pedagógicas. Práticas que transformem a ação docente em organizações de aprendizagem entendidas como ações pensadas e planejadas e que contemplem as reais necessidades dos alunos no contexto do cotidiano escolar.

1. Origens teóricas e contextuais do problema de pesquisa

Pesquisar o processo de formação dos profissionais da educação apresenta-se como um desafio complexo, tanto no âmbito da formação inicial quanto no âmbito da continuada. Um processo, porque se trata do ato contínuo de fazer. Um desafio complexo, pois, a despeito de a pesquisa objetivar a construção de um conhecimento que possibilite uma melhor compreensão sobre a formação, não se trata de qualquer conhecimento, mas do conhecimento que oportunize, efetivamente, compreender os elementos subjacentes ao observável, como apontado por Gatti (2002): "[...] um conhecimento que ultrapasse nosso entendimento imediato na explicação ou na compreensão da realidade que observamos".

Desse modo, não é suficiente conhecer novas teorias. É, também, necessário estabelecer relações com o saber que é construído no cotidiano das práticas educacionais. É no percurso da história circunscrita em determinado contexto social que conhecimentos são construídos, que emergem ideias dos profissionais da educação, de acordo com suas reais necessidades, suas experiências, seus processos formativos.

A pesquisa teve início em 2001, quando assumi a gerência de Supervisão de Ensino da Diretoria de Educação Básica do Serviço Social da Indústria Sesi-SP, sendo responsável pela gestão do processo de formação, referente ao ensino fundamental e educação infantil, de aproximadamente 4.500 professores, 218 coordenadores (diretores de escola), 64 supervisores de ensino e 37 analistas pedagógicos (especialistas em educação infantil, alfabetização, 3ª e 4ª séries do ensino fundamental, Língua Portuguesa, Inglês, Ciências, Arte, Educação Física, História, Matemática, Geografia). Desde então, passei a conviver com uma persecutória inquietação, originária de uma das advertências proferidas, em uma exposição oral, por Gimeno Sacristán (2000, p. 81): "[...] é a de que os professores trabalham, enquanto nós fazemos discursos sobre eles". Essa advertência me faz pensar que, há anos, estamos longe da sala de aula, da educação básica, especificamente do ensino fundamental e, ainda assim, fazemos discurso sobre o aluno dos dias atuais, sobre a comunidade escolar atual, sobre as indicações de práticas pedagógicas para aprendizagem desses alunos, sem estar vivenciando o real da vida da sala de aula.

É essa inquietação que me leva a investigar uma proposta de autoformação de formadores de professores por meio de um projeto denominado Projeto *in loco*. Meu entendimento é de que o alcance dos ideais de uma formação, notadamente, a formação de formadores de professores, não pode ser pensado sem o reconhecimento da necessidade de se estudar a autoformação do adulto. García (1999) expressa que os adultos aprendem em situações diversas: formais, organizadas, planificadas, porém, diz que a aprendizagem autônoma é a mais significativa para o adulto.

A busca de uma aprendizagem autônoma pressupõe, entre outros aspectos, lançar-se, desvelar o real desconhecido. Assim, espero que essa investigação possa apontar outros caminhos que contribuam com os programas de formação continuada de professores, por meio de um recorte da autoformação dos formadores, revelando outras aprendizagens, outros conteúdos, outras metodologias, em situações concretas das salas de aula, das escolas comuns.

Para esclarecer o contexto deste trabalho, realizei uma busca na literatura, que resultou em um recorte teórico para o exame do que é pensado e produzido a respeito da formação, com vistas a uma fundamentação, respaldada em produção de conhecimentos quanto à formação continuada de professores.

Nessa busca, noto que pesquisas sobre a formação dos professores, relacionadas à busca de conhecimentos que auxiliem a construção da competência profissional docente, são produzidas de forma intensiva no Brasil e em outros países. Produções que revelam a formação como um processo para ampliar possibilidades e minimizar as dificuldades que as redes escolares vêm enfrentando para responder às exigências mundiais de uma educação compatível com as demandas de uma sociedade cada vez mais mutante e carente de modelos, que auxiliem a vivência na complexidade. A propósito das pesquisas de formação de professores, saliento o estudo de André e equipe, em 2000, cuja análise de teses e dissertações defendidas na PUC-SP e na Faculdade de Educação da

USP (FEUSP), nos anos de 1998 e de 1999, indicou uma formação preocupada com questões de identidade, de reflexão sobre a prática, da formação do professor pesquisador, de mudanças de atitude e de trabalho coletivo.

As pesquisas sinalizam que, a par das concepções de formação, há uma tendência para uma mudança no profissional docente, entretanto, a maneira de se chegar a essa mudança ainda passa por uma visão mais tradicional, ou seja, a formação frequentemente ocorre por meio de cursos, visando ao desenvolvimento profissional do professor, porém, sem privilegiar a articulação entre a teoria e a prática, não levando em conta os saberes, os sentimentos, as concepções e atitudes dos professores.

A dinâmica em torno da questão da formação de professores poderá desencadear uma valorização do profissional docente se os protagonistas dessas ações de formação continuada reconhecerem, no processo formativo, um espaço privilegiado de aprendizagem no qual formador e formando constroem conhecimentos/saberes com olhares na teoria para iluminar suas práticas de ensino e de formador, refletindo, desse modo, sobre suas ações educativas.

É importante que formando e formador entendam que a formação é, também, autoformação, uma vez que ambos podem reelaborar e reconstruir seus saberes em confronto com suas práticas vivenciadas nos contextos educativos. Além disso, urge que percebam que a teoria fornece elementos e pistas para a constituição de saberes em suas práticas educativas para que estas possam perseguir resultados de melhoria na educação.

2. Localizando o problema

Pretendo investigar a autoformação do formador de formadores, sob o ponto de vista do sujeito ativo no seu processo de aprender, buscando perceber que fatores estão presentes na interação[2] entre professor-formando e formador de professores, em ações conjuntas no contexto do cotidiano escolar. Nesse aspecto, há uma hipótese de que este estudo possibilita pensar novos processos de práticas formativas para os docentes. Nesta pesquisa, o formador de formadores denomina-se analista pedagógico – cargo que ocupo na Diretoria de Educação Básica do Sesi-SP, enquanto professor-formando são os professores do ensino fundamental da rede escolar Sesi-SP.

A investigação ocorre por meio do projeto nomeado Projeto *in loco*, e trata-se do formador de docentes experienciar, no cotidiano da sala de aula, com alunos do ensino fundamental, as suas próprias proposições teórico-práticas, discutidas com os professores nas ações formativas.

Assim, este trabalho busca algumas respostas para as seguintes questões: será que o Projeto *in loco* pode constituir-se em uma possibilidade de autoformação do formador de professores a partir da re-elaboração de conhecimentos que se produzem em sua prática, confrontando com experiências, com concepções, com o contexto

---

[2] Interação significa toda a forma de atividade na qual seres humanos orientam seus comportamentos em função dos comportamentos dos outros, agem em função uns dos outros. O conceito de interação é de que os sujeitos norteiam seus comportamentos em função dos outros, há uma natureza profundamente social do agir em suas atividades. (Tardif, *Saberes docentes e formação profissional*, p. 166)

social inerente às dinâmicas da sala de aula? Nesse espectro, vivenciar os próprios discursos dos processos de formação de professores amplia saberes e competências de um formador de formadores de professores? Muda a sua prática formativa?

Investigar tal possibilidade permite hipotetizar que refletir sobre o autoconhecimento/saber pedagógico, possivelmente, permitirá aos sujeitos da pesquisa compreenderem que relações estabelecem entre o discurso e a prática, para darem conta dos paradoxos que se vive no cotidiano da sala de aula, na construção desses conhecimentos/saberes, na construção da reflexão sobre o seu fazer pedagógico para, posteriormente, elaborarem situações de formação com esses possíveis conhecimentos/saberes como mais uma possibilidade de mudança nas práticas docentes e nas ações formativas.

Entendo que a aproximação do formador de docentes com os acontecimentos vividos no cotidiano da sala de aula permitirão desconstruir algumas percepções equivocadas do formador quando desconhece a realidade do docente, pois, na maioria das vezes, o professor "dá a sua aula" sem sequer ter tempo para refletir sobre o seu fazer pedagógico. Assim, evitaria trazer para os espaços de formação continuada questões não exequíveis no fazer pedagógico do professor.

O formador de professores também aprende por meio da sua prática profissional na interação com seus pares, com os professores, nos espaços de formação, com seus estudos pessoais, à medida que aprecia criticamente o seu fazer de formador, para, então, imprimir regulações nos programas de formação, de maneira a facilitar o atendimento das necessidades dos diversos grupos de professores. Todavia, tal aprendizagem, isoladamente, não possibilita inteiramente o questionamento das dificuldades, dos problemas da função docente e dos seus aspectos mais inovadores que acontecem na escola, se não forem vivenciadas situações de reflexão intencionais no contexto escolar.

A autoformação do formador de docentes, igualmente, necessita da aprendizagem dos saberes que se constroem na interação com os alunos, no espaço da sala de aula, no qual o formador se defronta e resolve problemas com grupos de crianças e de adolescentes. A intencionalidade dessa interação está na busca de respostas às questões intrigantes que têm permeado os discursos dos formadores de professores, como: *por que, normalmente, diante de situações complexas ou até mesmo simples, o professor lança mão de modelos tradicionais, por ele vividos na condição de estudante, esquecendo--se de agir conforme propostas inovadoras que teoricamente ele defende? Ou seja, porque o discurso é um e a prática é outra? Que fatores obstam a ruptura da aplicação de modelos pedagógicos que não respondem mais às necessidades atuais? O que acontece quando se desenvolve um trabalho que vai muito além da transmissão, permeado por pressupostos metodológicos pautados em uma aprendizagem significativa? Mobilização para o conhecimento, investigação dos conhecimentos prévios dos alunos, problematização, avaliação contínua, sistematização?*

A intenção do Projeto *in loco* não é apenas elaborar projetos de formação de docentes mais condizentes com o real da sala de aula, mas, também, saber partilhar a autoconstrução de conhecimentos, visando facilitar a autoformação profissional do professor.

Os formadores de professores, se não voltarem o olhar para o que efetivamente é tecido no "chão" da sala de aula, continuarão a "discursar sobre os professores, enquanto eles trabalham" (SACRISTÁN, 2000).

Refletir sobre o ato de aprender não se reduz ao acúmulo de conhecimento para preencher lacunas, tampouco se traduz em uma troca da ignorância por saberes, mas trata-se de tornar mais complexa uma estrutura cognitiva já existente, por meio de uma ação desestabilizadora em interação com o objeto do conhecimento.

É nessa perspectiva que espero contribuições da investigação de uma autoformação por meio de reflexões e tomadas de consciência do formador de docentes, vivenciando a dinâmica da sala de aula do ensino fundamental, de forma a construir novas epistemologias que permitam mergulhar mais fundo na complexidade da prática docente, de forma a transformar ações formadoras em espaços de aprendizagem.

Não se trata, apenas, de validar ações formativas, no cotidiano escolar, mas de verificar se é possível desvelar novos conhecimentos referentes às situações problemáticas que ocorrem no espaço da sala de aula, tendo em vista a complexidade, a incerteza, o conflito de valores que permeia a "vida" da aula.

Acredito na possibilidade de um aprendizado resultante da interação com os alunos, professores e outros objetos de estudo, que impactem no repensar as propostas e os programas de formação de professores de maneira que estes venham ao encontro das necessidades das práticas docentes, porque o aprendizado estará ligado a uma situação de interação, ancorado na complexidade da tarefa de ensinar.

Repensar a concepção da formação de professores sobre outro prisma, que não o do próprio protagonista (formando), porém, com vistas a este protagonista, a fim de que os espaços de formação sejam construídos com experiências, sentimentos, saberes, sempre latentes no dia a dia da sala de aula, pode permitir ao formador colocar-se no lugar do formando, para compreender e identificar as causas impeditivas da mudança nas práticas pedagógicas.

Há um consenso de que a "vida" na sala de aula é um eterno desafio por ser a educação um processo marcado por dificuldades e incertezas. Assim, há uma demanda para que os processos formativos sejam devidamente cuidados, integrando o sentir, o pensar e o agir, isto é, as ações formativas devem ser elaboradas com estratégias que possibilitem o desvelamento das concepções dos professores, das suas crenças, dos seus sentimentos, pois, subjacente a toda a ação, há um pensar, um sentir, uma crença: há uma subjetividade.[3] Assim, o pensar, o sentir e o agir do indivíduo são constituintes e constituídos por essa realidade.

Nesta pesquisa pretende-se identificar saberes elaborados pelo formador de professores e, ao mesmo tempo, perspectivando uma autoformação que se aproprie crítica e reflexivamente desses sabe-

---

[3] Subjetividade entendida como fenômeno humano individual e social; como forma de organização dos processos que se definem nos significados e sentidos dos sujeitos que atribuem ao contexto da sua realidade. (Rey, *Sujeito e subjetividade*, 2003)

res, de forma que possam contribuir na elaboração de projetos de formação para docentes mais condizentes com o real do contexto da sala de aula, com as necessidades dos professores, no complexo processo de ensinar. Nesse aspecto, é preciso identificar as relações que se estabelecem entre os discursos colocados, pelos formadores, nos encontros de formação com os docentes e as suas práticas no desenvolvimento de atividades com os alunos por meio do Projeto in loco e, ainda, examinar a possibilidade de validação das teorias e das indicações práticas transmitidas aos professores naqueles espaços formativos.

É nesse cenário que se desenvolverá a investigação da autoformação de formador de docentes, tomando como dimensão os saberes que serão construídos ao vivenciar situações reais na sala de aula. Vivenciar com a intenção de investigar a construção do autoconhecimento. Saberes, possivelmente, suscetíveis de serem reconhecidos e legitimados.

II. Aprender a ser professor

1. Concepção de formação

A busca dos estudos sobre formação nesta pesquisa foi iniciada por García (1999), que constitui um ponto de partida para o estudo dos referenciais teóricos que possibilitam iluminar uma ampla reflexão para compreender e melhorar a formação de formadores e, consequentemente, dos professores.

Nesse sentido, é necessário clarificar a compreensão da concepção de formação. García (1999, p. 19) diz que o conceito de formação é passível de múltiplas perspectivas, das quais ele destaca:

- "função social", que representa a transmissão de um saber-fazer ou do saber-ser;
- "um processo de desenvolvimento e estruturação da pessoa", que visa atender tanto as necessidades profissionais como as necessidades pessoais;
- "formação como instituição", quando a referência é a estrutura organizacional que planeja e desenvolve as atividades de formação.

Dessa maneira, a formação pode se organizar tanto do ponto de vista do objeto, tratando-se de uma atividade pensada e estruturada exteriormente ao sujeito, visando contribuir para o desenvolvimento pessoal e social dos indivíduos, como do ponto de vista do sujeito, ou seja, a formação se realiza como iniciativa pessoal, pela qual o sujeito contribui para o processo da sua própria formação a partir das representações[4] e das competências que já possui. A organização da formação sob o ponto de vista do sujeito não exclui a do objeto. À vista disso, há uma complementaridade na qual o componente pessoal se liga a um discurso axiológico quanto às finalidades, metas e valores, conteúdos e experiências, instrumentos e resultados da própria formação.

Ainda, salienta García (1999, p. 21), a ação formativa deve produzir mudanças por meio de uma intervenção em que formando e formador participem conscientemente, com vontade clara de atingir objetivos propostos. É nessa inter-relação que são promovidos contextos de aprendizagens para facilitar a complexidade da ação formadora.

A despeito de a formação apresentar-se como um fenômeno complexo cujos conceitos, dimensões e teorias envolvidas ainda carecem de consensos entre os diversos pensadores, é possível identificar alguns aspectos que nos parecem trazer pensamentos que se coadunam em torno de determinadas concepções de ações formativas.

O primeiro aspecto a ser destacado é que há um acordo quanto à não existência de identificação da formação com uma atividade de treino, de ensino mecânico, de método que privilegia apenas as técnicas didáticas. A formação tem sido entendida como um processo de desenvolvimento e crescimento, no qual se evidencia o componente pessoal, um processo em que o sujeito, também, é

---

[4] Representações significam um conjunto de pensamentos, ideias, atitudes que constituem o pensar do sujeito sobre um determinado conceito; critérios por meio dos quais o sujeito faz a leitura de mundo.

responsável pelo desenvolvimento dos seus processos formativos, em espaços de aprendizagens que ativem a busca de aperfeiçoamento pessoal e profissional. Enfatiza-se que esse processo não ocorre só de forma autônoma, mas, sobretudo, na relação com o outro; é constituído e constitui-se com o outro.

Essa relação não é só de interação entre os sujeitos, mas, muitas vezes, ocorre a interação com a ideologia, com a sociedade, a cultura, a escola, no enfrentamento com o novo e com a contradição.

Com base na discussão apresentada por García (1999), é possível ampliar para um entendimento da necessidade de articular, no processo de formação de professores, as dimensões pessoal e social, porque a atuação docente é, ao mesmo tempo, coletiva e pessoal.

A ação dos professores influi significativamente na constituição da subjetividade de seus alunos como pessoas e como cidadãos. Desse modo, os docentes necessitam compreender os contextos sociais e as questões contemporâneas nas quais eles e seus alunos estão envolvidos. Implica apropriar-se do conhecimento, elaborar práticas de intervenção e transformação, responsabilizar-se por suas ações e exercê-las no coletivo, a partir de um envolvimento pessoal. Assim, a formação deve revelar uma intencionalidade que vise ao desenvolvimento do professor como pessoa, como profissional e como cidadão. Deve, ainda, possibilitar a tomada de decisões a respeito da vida coletiva, da sua própria ação no cotidiano escolar, para assumir uma prática social e aprender a exercer o poder de intervir para transformar.

2. Um olhar sobre a formação inicial

Pensar o processo de formação de professores pressupõe olhares diferenciados para a formação inicial e para a formação continuada. A formação inicial, por não ser objeto deste trabalho, é focada aqui somente como um panorama para compreender a necessidade de continuidade dessa formação.

Ao longo da história, a formação inicial vem sendo realizada por instituições e profissionais específicos, objetivando a preparação de futuros professores, como agentes de mudança do sistema educativo e, também, contribuindo para a socialização e produção da cultura historicamente acumulada e valorizada socialmente.

Há uma tendência em afirmar a necessidade de incorporar às ações de formação inicial de professores conhecimentos, competências e atitudes que lhes possibilitem compreender as complexas situações de ensino e, ao mesmo tempo, estimular atitudes de reflexão, tolerância e aceitação das diversidades individuais e grupais (García, 1999, p. 91).

A formação inicial não produz o profissional acabado, entretanto, detém importante papel no processo de formação do profissional da educação. Nesse enfoque, as instituições responsáveis pela formação inicial dos professores não podem desconsiderar que a prática pedagógica é complexa e multifacetada. Por outro lado, não podem privilegiar algumas teorias, como se estas pudessem ser capazes de dar conta da profissionalização dos docentes.

É a complexidade da prática pedagógica e a complexidade do humano que exigem um profissional que pense sobre o seu fazer, que desenvolva competências para construir suas teorias para enfrentar a impermanência, a diversidade e, ao mesmo tempo, a unidade que se encontram no movimento dialético do conhecimento. É preciso organizar uma formação inicial que sensibilize o futuro professor para a compreensão da vida e do real, de forma a buscar múltiplas possibilidades interpretativas que impliquem em uma visão mais totalizante do sujeito e das relações que estabelece com o mundo.

Nesse contexto, aponto quatro características que devem fazer parte da organização da formação inicial, segundo Sarre (2002), que as afirma enquanto consenso internacional nos diversos sistemas de formação:

- formação humana integral, as competências intelectuais, o desenvolvimento de valores humanos, sentimentos positivos, habilidades para o manejo adequado das emoções e das relações interpessoais;
- sólida preparação nas disciplinas que vai ensinar abertura à investigação nesses campos, como atitude permanente;
- conhecimentos e habilidades relacionados ao desenvolvimento da aprendizagem, didática geral e específica, incluindo técnicas de avaliação;
- introdução à prática de ensinar, por meio de um professor experiente.

Sarre (2002) dispõe, também, que o professor deve ser formado para ser gestor de aprendizagens significativas, tradutor de desejos e aspirações dos alunos, animador e estimulador, testemunha ativa dos valores humanos necessários e das utopias, em um mundo em transformação.

Dessa forma, instituições que objetivam a formação inicial de professores, pautadas em pressupostos que procuram compreender as relações que se estabelecem entre os sujeitos, precisam privilegiar as relações interpessoais, buscar o aprofundamento de conhecimentos historicamente acumulados, preocupar-se com o processo de ensino e de aprendizagem, estar abertas às diversas maneiras de como se constituem as diferentes visões de mundo, buscando construir identidades[5] docentes capazes de se conscientizar da pluralidade cultural, da realidade em que se vive, como resultado direto de variadas práticas culturais e discursivas.

Partindo desse enfoque, entendo que os programas das instituições de formação inicial de professores devem prever ações formativas que promovam o emergir das diversas concepções, percepções e histórias de vida, contribuindo para uma reconstrução contínua da identidade e do olhar sociocultural dos futuros professores sobre si e sobre aqueles que serão seus alunos.

Outro aspecto a ser considerado é a distância que normalmente há entre os programas da formação inicial e a realidade do dia a dia do contexto escolar, pois não se pode negar que os processos pedagógicos vivenciados nas escolas de formação constituem referenciais para o exercício da profissão, são modelos que se incor-

---

[5] Identidade entendida como conjunto de características do sujeito, constitutivo do seu agir e que por isso são componentes do seu modo de viver, de pensar, de agir e de sentir, em uma articulação em processo.

poram nas relações de ensino, dos quais os futuros profissionais da educação se apropriam para utilização no seu futuro trabalho, pois, como observa Tardif (2002, p. 266), "o objeto do trabalho do docente são seres humanos e, por conseguinte, os saberes dos professores carregam as marcas do ser humano".

Diante dessa questão, a formação inicial requer uma organização curricular que tematize a prática, que institucionalize uma interação com as escolas do sistema de ensino para observar como elas trabalham, pensam e falam, como interagem com os alunos, pais de alunos, equipe escolar etc. Pensar em uma organização curricular que contemple os aspectos citados, provavelmente, seja uma possibilidade para superar visões estereotipadas de professores ingressantes na profissão, colocando-os em contato com a realidade em que irá atuar e com as questões concretas que lidará no cotidiano escolar.

Por último, registro o alerta de Tardif (2002, p. 276), de que os professores universitários da educação precisam realizar pesquisas e reflexões sobre suas práticas de ensino, pois a "[...] relação com os saberes adquire, com o passar do tempo, a opacidade de um véu que turva nossa visão e restringe nossas capacidades de reação".

Nesse sentido, entendo que é preciso cuidar da relação com os saberes, para que o tempo não provoque a existência de um distanciamento entre "teorias professadas" e "teorias praticadas". Logo, penso que o currículo da formação inicial de professores deve manter coerência com investigações sobre aprender a ensinar. Sob este enfoque, García (1999, p. 103) diz que é necessário estabelecer relações entre as universidades e as escolas, para que a prática de ensino, definida pela instituição universitária, seja do conhecimento das escolas, objetivando a construção de novas propostas, de forma a existir articulação entre os projetos das escolas e os projetos formativos das instituições de formação de professores, para que as práticas de ensino representem uma possibilidade de aprendizagem do ensinar.

Embora os aspectos aqui indicados mostrem a relevância da formação inicial, esta não é suficiente para dar conta das necessidades atuais da educação. Os conhecimentos profissionais necessitam ter outro significado, transformados para atender às exigências de uma sociedade em constante movimento, sendo imprescindível uma formação contínua e continuada.

A partir de uma concepção processual, não é possível o profissional pensar que a sua formação escolar é suficiente para dar conta das exigências atuais da educação. Ao mesmo tempo, existe a necessidade de compreender melhor o espaço formativo dos docentes com o fim, entre outros, de elaborar propostas de formação voltadas para superação da dicotomia entre teoria e prática, uma vez que a observação das ações formativas demonstra a preocupação dos professores centrada na sua prática de sala de aula, pois as vozes docentes ecoam, questionando "como" irão utilizar as questões apresentadas nos espaços de formação na sala de aula com seus alunos reais, normalmente, uma classe com quarenta alunos.

É a formação continuada que constitui o objeto de minha investigação e, dentre suas múltiplas dimensões, neste trabalho, ressalta-se o enfoque da autoformação do formador como uma possibilidade de construção de ações formativas pautadas no contexto das relações teórico-práticas do cotidiano escolar.

3. A formação continuada

A despeito de a formação continuada ser reconhecida como uma medida necessária e de existirem investimentos para sua realização, ainda assim, no Brasil, o resultado da aprendizagem dos alunos tem sido muito aquém do esperado.

Recentemente, a Unesco e a Organização para a Cooperação e Desenvolvimento Econômico divulgaram o resultado de uma pesquisa, comparando, em 41 países, as habilidades de leitura, matemática e ciências dos alunos de 15 anos das escolas públicas e particulares. O Brasil ficou em 37º lugar em leitura e 41º lugar em matemática e ciências[6].

Com base nesses dados, talvez se possa pensar em um processo de autoformação para o formador que se aproxime de um novo enfoque de formação de docentes baseado nos saberes que estes profissionais constroem e (re)constroem, a partir de uma consciência crítica do seu saber-fazer, objetivando favorecer a aprendizagem do formador e, como consequência, a do professor, de forma a melhorar a qualidade do ensino e da educação dos alunos.

Em que pese a relevância das ações formativas, os modelos de práticas pedagógicas difundidos nos espaços dos processos de formação parecem não estar atendendo às demandas postas para a educação no

---

[6] Revista Veja, 9 de julho de 2003.

momento atual. A realidade tem mostrado que não houve mudanças significativas das práticas pedagógicas, principalmente nas grandes redes escolares, como, por exemplo, a rede escolar SESI-SP.

É uma razão pela qual penso ser importante focar um novo ponto de visão, ou seja, pensar a formação dos docentes a partir da formação do formador, enquanto professor que também carece de aprendizagens para construção da sua identidade, da sua competência, dos seus saberes.

Dentro dessa compreensão, não se pode ignorar os resultados das avaliações do Sistema Nacional de Avaliação da Educação Básica (SAEB), dos exames do Exame Nacional do Ensino Médio (Enem) ou dos vestibulares dos últimos anos, os quais têm demonstrado um ensino com ausência de boa qualidade, apesar de todos os programas, pesquisas e projetos de formação de professores.

Nunca foram promovidos tantos espaços de formação para professores como na última década (1990-2000). Com que resultados? Entendo que não é mais admissível continuar com a arte do faz de conta; é extremamente necessário ser percuciente, seja na formação inicial ou na continuada, para a busca do "porquê" de resultados tão incipientes, indo além, buscando transformar o ensino atual em processo ensino e aprendizagem com boa qualidade.

3.1 Um breve panorama da formação continuada dos professores

A educação continuada ou "educação permanente" desponta, de forma mais acentuada, na década de 1970, época em que a Unesco publica o relatório "Aprender a Ser", considerado o "manifesto da educação permanente". A concepção da educação permanente presente neste documento enfatiza a pessoa como sujeito da formação e tem como pretensão instituir um caminho para repensar e reorganizar o processo de educação.

O "manifesto da educação", opondo-se a uma aprendizagem cumulativa, propõe um processo de educação que respeite o desenvolvimento do ser e a sua própria construção.

Nos dizeres de Rui Canário (2000, p. 31), entretanto, "o alcance dos ideais da educação permanente foi limitado", pois essa educação confundiu-se com a educação de adultos não escolarizados e, como consequência, ampliaram-se os espaços de formação que tendiam a ser uma extensão da escola, desvalorizando os saberes construídos por outros meios diferentes da educação formal; era uma formação pensada dentro de um conceito já apontado, o de "reciclagem" ou uma educação para simplesmente completar estudos não realizados à época de escolarização.

No Brasil da década de 1970,[7] consolida-se o modelo de professor-aplicador, resultante da formação inicial baseada em uma

---

[7] Brasil. MEC. SEF. Referenciais para a formação de professores. Brasília: MEC/Secretaria de Educação Fundamental, 1998.

concepção de "professor como aplicador de propostas prontas", produzidas por técnicos dos departamentos dos sistemas de educação.

Na década de 1980, proliferam outras tentativas de formações continuadas, com novos formatos, procedimentos e conteúdos, embora, ainda se pautando nos modelos convencionais de formação, compreendendo desde cursos rápidos até programas mais longos, tanto nas modalidades presencial como a distância.

Dez anos depois, na década de 1990, o grande avanço tecnológico muda a sociedade e seu cenário de vivência e sobrevivência; os conhecimentos se tornam provisórios, as incertezas aumentam, permanecendo como única certeza a mudança. Neste novo cenário, a educação passa a ser pensada como "aprendizagem ao longo da vida".

Nesse aspecto, Nunes, em 2001, apresenta breve panorama da pesquisa brasileira em relação à formação dos professores e seus saberes, e demonstra que, a partir de 1990, tendo em vista a complexidade da tarefa de educar, houve uma busca para a compreensão dos saberes que os docentes constroem na sua prática e no confronto com uma época em que a profissão docente requer a reconsideração de valores e descobertas de novas possibilidades para usufruir a cultura e a participação social – saberes que são produtos da articulação entre o conhecimento teórico, o conhecimento da cultura escolar e a reflexão sobre a própria prática.

Tais estudos nos levam à afirmação de que os processos formativos requerem pressupostos teóricos e metodológicos que possam embasar objetivos e propostas, modificando-se em função dos resultados obtidos, buscando outros enfoques que possam responder efetivamente às necessidades para o desenvolvimento de uma educação de boa qualidade, demonstrando, assim, claramente, a complexidade e o desafio da formação de professores e, também, da formação de formadores.

3.2 Conceito de formação continuada

O que é formação continuada? A discussão deste conceito na presente pesquisa é, inicialmente, o reflexo das ideias dos estudos de Carvalho e Simões (2002), que rastrearam diversos periódicos, apontando como uma das categorias o conceito e o significado atribuído à formação continuada. Também Aquino e Mussi (2001) apresentam algumas conclusões de uma investigação de grupos de formação em serviço, objetivando visualizar o que é a prática formativa e o que ela opera na profissionalização dos docentes.

Há uma tendência, segundo Carvalho e Simões (2002), dos autores de artigos sobre formação continuada negarem a concepção dessa formação como treinamento, cursos, seminários, palestras e outros, assumindo o conceito de formação continuada como processo.

Entre o grupo de autores citados por Carvalho e Simões, destaco Marin (1995), que chama a atenção para a necessidade da análise dos termos reciclagem, aperfeiçoamento, treinamento, capacitação, educação continuada etc. argumentando que:

a) o termo reciclagem pressupõe um sentido descartável à atualização de conhecimentos por meio de cursos rápidos, descontextualizados e superficiais;

b) treinamento está associado à modelagem de comportamentos e é incompatível com a educação por tratar-se de um termo que indica algo fixo;

c) aperfeiçoamento – no sentido de tornar o outro competente, habilitado ou convencer, persuadir. Quanto ao tornar capaz, habilitar, é congruente à educação continuada, porém, não acontece o mesmo com os termos convencer ou persuadir, pois estes indicam o conhecimento como algo imutável e não "portas" para reflexões sobre o aprendido;

d) os termos, educação permanente e formação continuada, revelam um conjunto de ações caracterizadas pela valorização do conhecimento do docente.

Marin (1995) ressalta o avanço desta concepção, notadamente quando se leva em conta os saberes dos professores, suas experiências, privilegiando a escola (local de trabalho) como a base do processo de formação.

A importância da chamada de atenção e da análise dos termos anteriormente descritos, a meu ver, centra-se no fato de que, subjacente ao termo empregado para representar os espaços de fortalecimento das práticas docentes, reside a concepção dos modelos utilizados pelos formadores nas ações de formação continuada.

Desse modo, a análise dos termos citados constitui um ponto de partida não só para a adoção de um dos termos, mas para declarar o conceito, a concepção daquilo que se diz da formação continuada no campo das crenças, para revelar as características dos projetos e das expectativas que comandam o fazer da própria ação formativa.

Aquino e Mussi (2001, p.211-227) também apontam os diversos termos utilizados para designar a formação de docentes. Sua pesquisa se dá no âmbito das escolas da Secretaria Municipal de Ensino de São Paulo, nos "grupos de formação", nomenclatura criada em 1989, reconhecida atualmente como "horários coletivos".

Nesse estudo, Aquino e Mussi manifestam que, à vista da diversidade dos obstáculos na ação docente, bem como dos resultados da prática escolar, houve uma mobilização da expansão e da valorização da formação profissionalizante, impactando em uma ressignificação dos modelos de formação. Assim, originaram-se os cursos de treinamento, termo utilizado para designar os espaços de formação em serviço, com ênfase nas técnicas e métodos, visando melhorar o resultado do processo ensino-aprendizagem.

A partir dessa prática, declaram Aquino e Mussi, surgem os programas de formação denominados *aperfeiçoamento*, *capacitação* e *formação permanente*, para nomear a prática de formação em serviço, programas cujo objetivo principal era funcionar como uma espécie de "corretivo" das ações docentes. Entretanto, percebeu-se que esse objetivo era extremamente simplista, e a invenção de outros modelos de formação foram produzidos sem, necessariamente, apresentar como objetivo principal a "correção" do ofício.

Para esses autores, a inserção de teorias críticas na realidade educacional brasileira inaugura um novo modelo de regulação da formação de docentes, permitindo o repensar e, até mesmo, recusar os conceitos até então propagados sobre a formação de professores, buscando outros referenciais teórico-metodológicos para as ações formativas.

Os autores afirmam, ainda, que a expansão e a valorização da formação profissional do professor têm sido modificadas pela "despotencialização dos saberes", em que os docentes se confrontam com as incertezas científicas pelos problemas sociais, políticos e econômicos que afetam os povos mundialmente; pelo perfil da clientela, que demanda novas exigências educacionais e pela "duvidosa qualidade" dos próprios processos de ensino desenvolvidos nas instituições escolares.

Desse modo, a compreensão e a localização do termo da concepção que norteia o interior das proposições da formação continuada possibilita orientar a escolha das práticas de formação, com a intencionalidade de promover práticas formativas voltadas para a construção dos espaços de produção de novos conhecimentos, de reelaboração da prática, de construção e reconstrução do profissional.

Penso que, em não havendo coerência entre concepção e ação desenvolvida, oportunizam-se espaços para assimilações deformativas. Por exemplo, no Dicionário da Língua Portuguesa – Novo Aurélio – Século XXI, encontramos: "treinar – tornar apto, destro, capaz, para determinada tarefa ou atividade, adestrar". É isso que queremos nos programas de formação? Adestrar professores? Ou ainda: o adestramento (treinamento), em tantos cursos que já existiram, modificou a prática educativa? Para os termos capacitação e aperfeiçoamento, no mesmo dicionário, encontramos, respectivamente: "tornar capaz, habilitar, convencer, persuadir e tornar perfeito, completar, emendar os próprios defeitos". Ora, as ações que esses verbos expressam não condizem com a concepção que pretendemos para a formação continuada, pois a formação continuada, enquanto concepção de processo, presume um espaço de produção de saberes, de partilhar diferentes conhecimentos, de repensar o fazer pedagógico.

Nesse processo, o sujeito é autor de novos saberes e conhecimentos porque integra teorias às vivências e aos saberes profissionais presentes no cotidiano escolar, conhecimento prático produzido no seu fazer profissional.

Assim, o vocábulo "formação", nesse momento, é o que mais bem explicita a concepção atual dos projetos e programas de discussão das práticas pedagógicas, porque requer o "formar", ou seja, inclui o "educar" (Dicionário da Língua Portuguesa – Novo Aurélio – Século XXI). O educar/educar-se pressupõe ações que devem permear as concepções nos espaços formativos, ou seja, uma formação que possibilite o vivenciar, o produzir e não somente o discursar. O educar nas diversas dimensões para o desenvolvimento do humano: o cognitivo, o afetivo e o motor.

Nesse caminhar, não é possível dicotomizar teoria e prática. Ao contrário, para uma boa prática profissional, a teoria deve estar permanentemente dialogando com a prática.

> Assim, a teoria como cultura objetivada é importante na formação docente, uma vez que, além de seu poder formativo, dota os sujeitos de pontos de vista variados para uma ação contextualizada. Os saberes teóricos propositivos se articulam, pois, aos saberes da prática, ao mesmo tempo ressignificando-

-os e sendo por eles ressignificados. O papel da teoria é oferecer aos professores perspectivas de análise para compreenderem os contextos históricos, sociais, culturais, organizacionais e de si mesmos como profissionais, nos quais se dá sua atividade docente, para neles intervir, transformando-os. Daí é fundamental o permanente exercício da crítica das condições materiais nas quais o ensino ocorre e de como nessas mesmas condições são produzidos os fatores de negação da aprendizagem. (Pimenta, 2002, p. 26)

A produção acadêmica também precisa estar a serviço dos processos formativos quanto às investigações sobre os contextos reais da sala de aula para compreender esse espaço de contradições e dilemas, para verificar que teorias mais abrangentes devem ser buscadas para que os programas de formação possibilitem, de verdade, ao professor, proceder a uma prática transformadora, a aprender, a pensar e a "lograr" resultados qualitativos.

Ainda referente aos processos formativos, julgo oportuno o pensamento de Libâneo (2002, p. 73):

> O aprender a ser professor, na formação inicial ou continuada, se pauta por objetivos de aprendizagem que incluem as capacidades e competências esperadas no exercício profissional do professor. Penso que o melhor programa de formação de professores seria aquele que contemplasse melhor, no currículo e na metodologia, os princípios e processos de aprendizagem válidos para os alunos das escolas comuns. Em outras palavras, os mesmos processos e resultados que

devêssemos esperar da formação geral dos alunos das escolas regulares deveriam ser conteúdos da formação de professores. Nesse sentido, o princípio dominante na formação não seria, em primeiro lugar, a reflexão, mas a atividade de aprender, ou melhor, a atividade pensada de aprender, com todos os desdobramentos que isso implica em termos de teorias do ensino e da aprendizagem.

A atividade de aprender, embora não exclua a reflexão, deve ser privilegiada nas ações formativas, abarcando todos os conteúdos inseridos em programas de formação.

Os processos de formação também precisam levar em conta que os adultos aprendem em diversas situações, como assinalado por García (1999, p. 50) em diferentes contextos, por meio de diferentes modalidades de atividades, que compreendem situações controladas pelo formador (nos casos de ausência de competência ou conhecimento dos adultos) e situações nas quais os próprios formandos dirigem a atividade de formação, utilizando seus saberes, suas experiências. Do colhido nos caminhos percorridos na literatura pedagógica, para o entendimento do conceito de formação continuada de professores, foi-me possível concluir que este deveria ser um processo de interação entre formadores e formandos, no qual há um fazer pedagógico investigativo, colaborativo e regulador da aprendizagem, por meio de ações que integram teorias às práticas, possibilitando o aprender novas formas de pensar o ensino. Processos que oportunizem aos formadores e aos formandos o aprimoramento de suas competências, a ampliação dos seus conhecimentos/saberes, para que possam exercer maior controle sobre suas trajetórias e tentativas de aperfeiçoar e descrever suas práticas educativas.

Assim, nessa interação, tornam-se os professores ativos na construção e disseminação de seus saberes, na produção do currículo, na criação de outras práticas pedagógicas, provocando mudanças para melhorar a qualidade da educação que os alunos recebem.

A formação continuada, neste trabalho, deve ser, portanto, compreendida como um processo permanente de desenvolvimento, considerando o principal fator de desenvolvimento profissional a autoconstrução e a construção permanente da realidade.[8] Um movimento que possibilita o aprender sempre.

Está implícito nesse conceito o processo de construção de saberes, gerados na articulação de teorias com o conhecimento prático, elaborado no dia a dia do fazer pedagógico, com a intenção de implementar mudanças que se fazem necessárias para a melhoria da prática docente na escola e, consequentemente, na educação.

Nessa direção, as concepções epistemológicas se constroem e são construídas no interior das relações concretas desses espaços. É possível viver novas experiências formativas, por meio das quais o docente e o formador de formadores se apropriem de saberes que promovam a revisão e a recriação de suas ações pedagógicas no cotidiano escolar e nos espaços formativos.

Orsolon (2001, p. 18) insere uma reflexão que me parece fecun-

---

[8] Realidade entendida como um todo que possui estrutura, portanto, não é caótico, que é mutável e que vai se transformando. (Kosik, *Dialética do concreto*, p. 44).

da quando nos referimos à organização de processos formativos de docentes:

As práticas dos educadores, que ocorrem na escola, também se apresentam dialéticas, complexas. Desvelar e explicitar as contradições subjacentes a essas práticas são alguns dos objetivos do trabalho dos coordenadores, quando planejado na direção da transformação.

Essa observação nos leva a inferir a necessidade de compreender melhor o espaço formativo dos docentes, com o fim, entre outros, de elaborar propostas de formação voltadas para a superação da dicotomia entre teoria e prática, bem como é preciso que os formadores tenham acesso ao conhecimento produzido na área da educação e da cultura em geral, para repensar suas práticas de formador. Também é preciso chegar mais próximo da realidade que é vivida no cotidiano escolar do ensino fundamental, pois ali é um dos espaços adequados para a produção de conhecimentos/saberes, que, a meu ver, possibilitam transformar as ações de formação docente por meio dos movimentos do sentir, agir, reagir, pensar e refletir, dentro de epistemologias inovadoras para os processos de formação dos profissionais da educação.

Importante ressaltar que o trabalho pedagógico é marcado pela subjetividade, razão pela qual a ação educativa não está dissociada do sentir, do pensar, do refletir, pois a construção de saberes assume a forma de uma relação entre o formador e formando. Relação esta que não se limita a uma mera transmissão de informação, mas uma relação desencadeadora de um processo de formação que amplie saberes profissionais. Por isso, neste caminhar, entendo que é importante incluir saberes originados das práticas que são desenvolvidas com alunos na educação formal, pois estes, provavelmente, podem contribuir na elaboração de programas de formação de professores. Saberes estes, no dizer de Tardif (2002, p. 14), que não são apenas de um conjunto de conteúdos disciplinares, porém, trata-se de um processo que é construído ao longo do percurso profissional do educador. É nesse percurso que o professor aprende, de forma progressiva, a conhecer seu ambiente de trabalho, a interiorizá-lo e a ser por ele interiorizado, tornando-o "parte integrante de sua consciência prática". (Placco, 1994).

Neste sentido, como afirma Placco (1994), o educador desenvolve e amplia sua consciência prática à medida que assume a realidade social, política, econômica etc. e nela atua questionando as relações entre teoria e prática, analisando os acontecimentos de sua ação pedagógica, criando condições de transformar sua prática docente.

4. Pensando a autoformação por meio da autoaprendizagem

A autoformação se desenvolve pela desvalorização das ideias antigas, pela substituição do conhecimento antigo por novos conhecimentos? Como se sabe que aprendeu? A capacidade de aprendizagem é um caractere que pode ser isolado, medido? É possível dissociar o sujeito de sua história, que já não dá mais conta de atender às demandas atuais, para apropriar-se de outros modelos? O formador de professores é capaz de tornar-se um formador mais competente? O conjunto desses e de outros questionamentos perpassam o pensar da autoformação do formador. Algumas dessas questões tornam-se mais compreensíveis à luz da literatura de alguns autores e, outras, esperamos que sejam clarificadas por meio da investigação que ora empreendemos, ou, pelo menos, que essa pesquisa possa apontar indicadores para um melhor entendimento da complexa ação de autoformação.

A partir da literatura, particularmente, a partir dos estudos de Hadji (2001), podemos refletir sobre a capacidade de modificação do ser humano adulto. Entre outros aspectos, ele nos traz que a ideia da norma de que o desenvolvimento leva ao adulto acabado, completo, deve ser abandonada, pois o homem é um eterno ser em desenvolvimento; se assim não fosse, nenhuma intervenção educativa, nem mesmo com crianças, resultaria em novas aprendizagens. No entanto, esclarece que não significa uma mera rejeição da ideia de norma, porém a recusa de um "modelo rígido de adulto".

O autor recorre à biologia para explicar sua proposição, citando a observação de quatro crânios: feto e adulto – chimpanzé e homem moderno. O crânio do chimpanzé jovem aproxima-se do da criança e é mais parecido com o do homem adulto do que com o crânio do chimpanzé adulto. Tal observação leva à inferência de que o cérebro e o crânio continuam a se desenvolver muito tempo depois do nascimento e "o adulto humano nunca estará felizmente adaptado a um meio específico". (Hadji, 2001, p. 79).

Esses estudos abrem perspectivas para continuar a pesquisar o desenvolvimento de competências do formador de professores que, normalmente, são profissionais que já não estão mais na fase jovem, mas na fase adulta, com anos de história no ofício da docência e com muitos conceitos cristalizados pelo exercício da profissão docente.

Além disso, mobiliza para a criação de mecanismos que favoreçam outros processos de aprendizagens que busquem mudanças positivas nas práticas de formação de professores, porque há possibilidade de atualizar potencialidades e competências profissionais, não desprezando saberes já constituídos, porém, integrando-os aos novos, ressignificando-os com o fim de responder às exigências das atuais demandas educacionais. Nos dizeres de Hadji (2001, p.87), aprender pressupõe, antes de tudo, chamar para si a situação de aprendizagem, acolher o objeto de aprendizagem com o qual vai se confrontar.

Encontra-se aqui um pensamento que nos conduz a um retroceder para pensar o porquê nós, adultos, temos tanta dificuldade em ousar, lançar-nos para o desconhecido, enfrentar a problematização que, embora acarrete sofrimento, quando somos envolvidos pelo sentimento do prazer de ter aprendido, este é muito maior e, ainda, aquele sofrimento esvai-se no esquecimento, tornando-se insignificante frente à satisfação de novas descobertas.

Daí porque, todos, formandos e formadores, precisam se automover por um desejo de mudança que seja maior, mais forte que o medo do novo, do desconhecido. Na análise de Hadji (2001, p.87), é preciso encontrar valores, pois é o valor que dá significado à vida – "sem a presença do valor, não há projeto-alvo". A ênfase está na busca de valores para a realização de um "projeto alvo" que visa a fins específicos, produto de um imaginário, em uma articulação de vontades.

O que me parece essencial, diante do exposto, é o formador de professores ser percuciente na busca de seus valores antes de lançar-se à autoformação; é preciso clareza da busca, é preciso vontade, é preciso coragem para o confronto com o desconhecido, pois só assim a autoaprendizagem será impregnada de sentidos, de significados[9] para dar poder aos atos formativos.

A consciência da incompletude do ser humano, possivelmente, seja uma mola propulsora do querer se tornar um formador mais competente, construtor de saberes que farão a diferença na sua ação de formação e de formador de docentes.

O formador de professores, na caminhada da autoformação, necessita empreender esforços para se permitir o fazer melhor, já que há a possibilidade de aprender, de progredir e de se desenvolver em qualquer idade. Entende-se que essa possibilidade seria consequência de uma autorreorganização, de uma autorreconstrução de modelos vivenciados como formando para transcender a uma metacognição[10] na ação formativa, ou seja, ampliar sua com-

---

[9] Significados e sentidos entendidos na perspectiva da psicologia sócio-histórica, ou seja, significados são de ordem do público; são conceitos e concepções que estão socialmente colocados e são compartilhados. O sentido, embora imbricado com o significado, sem o qual não é possível a sua atribuição, diz respeito à interpretação que cada sujeito atribui para o significado. Assim, o sentido é de ordem do privado, correspondendo à forma como o indivíduo significa as relações que se apropria nas interações.

[10] Metacognição é objeto de estudos de várias teorias, porém, aqui está no sentido de

petência na elaboração dos programas dos processos formativos. Uma metacognição deve priorizar a ideia de que o ser humano só o é se souber se comunicar, viver no coletivo, observar convenções sociais, criar, agir e aprender sempre. Isso seria, como escreve Charles Hadji (2001, p. 70-71):

> Educar o homem consiste em ajudá-lo não a conformar-se com um modelo, mas a tornar-se semelhante aos outros, plenamente homem na livre realização daquilo que faz de cada um, homem. [...] a realizar sua vocação de homem, que é a de comunicar, viver em sociedade, aprender, pensar, agir e criar em conformidade com as grandes linhas de desenvolvimento que os universais indicam.

Desse ponto de vista, entendo que é possível uma formação de profissionais da educação com êxito, por mobilizar a agregação de uma possibilidade real de mudança positiva das práticas educativas à instauração do processo reflexivo desejado, por meio de uma crença na própria essência do homem, que é educar-se permanentemente. O desencadeamento do desenvolvimento implica o formador afastar-se do centro dos saberes já apropriados para questioná-los, para novos passos, seja de integração ou de ressignificação, novas construções; enfim, reconhecer que, como ser humano, tem o poder de se aperfeiçoar e, como nos ensina Hadji (2001, p. 105), esse poder acarreta ao educador o dever de contribuir com o aperfeiçoamento do educando por incitá-lo a lançar-se, a ir mais longe no seu próprio desenvolvimento.

---

pensar o próprio pensar.

Nesta perspectiva, Nóvoa (2001)[11] diz que o formador forma-se a si próprio, por meio da reflexão sobre seus percursos pessoais e profissionais (autoformação), na relação com o outro, em uma aprendizagem coletiva que evoca a consciência, os sentimentos e as emoções (heteroformação) e, ainda por meio dos saberes, das técnicas das culturas, das artes, das tecnologias e da sua compreensão crítica (ecoformação).

Josso (2004)[12] considera que a experiência formadora articula saber-fazer e conhecimentos, funcionalidade e significação, técnicas e valores, oferecendo a cada um a possibilidade de uma presença para si e para a situação, utilizando-se da mobilização de múltiplos registros. Neste sentido, entendo que a autoformação do educador também contempla essas articulações na medida em que o sujeito se percebe no movimento da própria experiência formadora.

---

[11] Prefácio do livro de Josso (2004).
[12] Cumpre esclarecer que Josso (1988, 1999, 2004) é uma referência muito importante neste trabalho, especialmente na metodologia e, portanto, as contribuições dessa autora estarão apontadas nos capítulos sobre a metodologia e a análise dos dados.

III. Contexto histórico da investigação

Este histórico tem a intenção de explicitar o lócus no qual ocorre o desenvolvimento da investigação, objeto desta pesquisa, ou seja, na rede escolar Sesi-SP que, embora seja considerada uma rede particular de ensino, por não ser mantida por recursos públicos, mas pelas empresas, há que se consignar que é uma rede com características de pública, pois os alunos têm um ensino oferecido gratuitamente.

O Sesi-SP atende, prioritariamente, os filhos de trabalhadores das indústrias (90%) e, havendo vagas, atende a comunidade não beneficiária da indústria.

O Serviço Social da Indústria (Sesi) surgiu no Brasil de um projeto social e político, visando contribuir para a melhoria de vida do país, em 1946, período pós-segunda guerra mundial, marcado pela transição de uma economia agrária para uma industrial, de elevada taxa de natalidade, migrações, imigrações e de um sistema escolar pouco expandido.

As demandas econômicas e políticas do país e a mobilização social intensa por parte da população que sonhava com melhores oportunidades de trabalho, dignidade e igualdade de vida foram fatores importantes para a criação do Sesi, que implementou projetos assistenciais visando atender às questões sociais neste período histórico por meio do desenvolvimento de atividades nos âmbitos da saúde, lazer, educação e trabalho.

Atualmente, o SESI possui departamentos regionais nos 27 (vinte e sete) estados do país. No Departamento Regional do Estado de São Paulo, a partir de 1990, novos pensamentos inspiraram transformações, buscando-se mudanças paradigmáticas que marcaram a história da Diretoria de Educação do SESI-SP. Surgiram necessidades próprias, aliadas a novos pensamentos, vindos de diferentes instâncias: professores, coordenadores de escola, técnicos em educação, pais, alunos, diretores e dirigentes que, atuantes neste processo, ora como agentes de mudança, ora como agentes de resistência, contribuíram para a abertura do diálogo sobre questões pertinentes ao processo de gestão, de estruturação, de ensino e de aprendizagem.

A supervisão própria, delegada pela Secretaria de Educação do Estado de São Paulo em 1995,[13] surgiu neste cenário de transformação, imprimindo ao sistema escolar SESI-SP uma busca de identidade que pudesse prover, com maior apoio e fundamentação legal específica, as necessárias reformas educacionais. Uma delas foi a reformulação do Regimento Comum do Sistema Escolar SESI-SP, em 1998, marcando o início de um processo participativo nas decisões pedagógicas quanto à organização das suas diferentes modalidades de ensino e à sistemática de avaliação, notadamente, no ensino fundamental. Neste processo, que envolveu todos os professores, coordenadores (denominação dada aos diretores das escolas do SESI-SP), assistentes de coordenação e supervisores de ensino desta rede, resultou a reorganização do ensino fundamental: do sistema de seriação

---

[13] Resolução SE nº 132, de 3 de junho de 1995.

para progressão continuada. Essa reorganização derivou-se de estudos, de discussões (entre os diversos atores da educação do Sesi-SP) que, posteriormente, decidiram por um ensino fundamental constituído em quatro ciclos, de dois anos cada um.

Para ir à busca da materialização de um novo fazer pedagógico nas escolas, foi necessário reestruturar a Diretoria de Educação Básica do Sesi-SP. As novas ideias levaram a práticas mais integradoras e consistentes com as transformações propostas. Uma delas foi o trabalho integrado das modalidades de educação infantil e ensino fundamental, agora pertinentes a uma mesma equipe: Gerência de Supervisão de Ensino.

O compromisso político do Departamento Regional do Sesi-SP perante esta mudança promovida pela Diretoria de Educação Básica consolidou-se por meio do apoio e do investimento no projeto de formação continuada dos profissionais da educação, iniciado em 2001 e com a contratação de analistas pedagógicos, denominação dada a profissionais da educação de diferentes especialidades de ensino, que atuam diretamente como formadores de professores, em conformidade com as áreas específicas de conhecimento desses professores.

1. O processo de formação de professores na rede escolar Sesi-SP

A formação dos professores da rede escolar Sesi-SP é realizada pelos analistas pedagógicos e ocorre em quatro encontros durante o ano, perfazendo um total de dezesseis horas. Esses encontros acontecem no horário de trabalho do professor, em dias não letivos, porque não há, nesta rede, horários de trabalho pedagógico coletivo.

O processo de formação se dá por meio de encontros regionais, abrangendo todos os professores do Sesi-SP, em um total de 21 polos que agregam docentes de 183 Centros Educacionais e 35 Centros de Educação Infantil, localizados em, aproximadamente, 116 municípios do Estado de São Paulo. Os docentes são agrupados por modalidade de ensino, ou seja, educação infantil e ensino fundamental e, ainda, nesta última modalidade, por área de conhecimento: alfabetização, professores de 3ª e 4ª séries, Língua Portuguesa, Inglês, Matemática, Ciências, História, Geografia, Arte e Educação Física.

As ações formativas desenvolvidas entre analistas pedagógicos e professores objetivam promover a discussão da prática da sala de aula, experienciar modelos (referenciais) organizativos de ensino e de aprendizagem a serem vividos com os alunos, promover estudos da teoria expressa nos Referenciais Curriculares da Rede Escolar Sesi-SP[14] e dos pressupostos metodológicos implícitos na Intro-

---

[14] Trata-se de um documento que contém a proposta educacional da educação infantil e do ensino fundamental da rede escolar Sesi-SP, construído coletivamente por todos os atores da educação do Sesi-SP.

dução ao Fazer Pedagógico,[15] aproximando-os cada vez mais. São nesses espaços de formação que os professores se inscrevem como parceiros voluntários para o Projeto *in loco*.

Além desses espaços formativos, existem também ações formativas entre professores e os coordenadores de escola, nas quais são tratadas as questões educacionais próprias da realidade de cada unidade escolar. Essas ações se desenvolvem nos encontros pedagógicos previstos em calendário escolar e são previamente estudadas e definidas nos encontros de formação com a gerência de supervisão de ensino, de forma a integrar os processos formativos promovidos pelos analistas pedagógicos.

2. O Projeto *in loco*

Nos últimos tempos, surgiram ideias educacionais que trouxeram grandes contribuições para a compreensão dos educadores a respeito do processo ensino e aprendizagem. Neste contexto, têm-se observado um interesse crescente pela busca de alternativas para o cotidiano do processo educativo. Com isso, cada vez mais as propostas concebidas para a prática na sala de aula apresentam-se embasadas em pressupostos teóricos que valorizam o conhecimento como algo inacabado, passível de transformações, e que pode ser construído principalmente por meio da interação do indivíduo

---

[15] Documento que acompanha os referenciais curriculares com modelos organizativos das modalidades de educação infantil e do ensino fundamental explicitando os pressupostos metodológicos da proposta educacional.

com o meio histórico e social, sendo na escola adquirido por meio de atos intencionais e significativos, revelados na problematização, na avaliação e na investigação dos conhecimentos prévios.

Assim, a rede escolar SESI-SP pretende, por meio da formação continuada, promover reflexão sobre a prática do dia a dia da sala de aula, integrando teoria à prática. Para aprimoramento dessa intenção, foi proposto o Projeto *in loco* como uma possibilidade de autoformação para o formador de professores, objetivando descortinar novas possibilidades de transformação.

O Projeto *in loco* foi pensado em 2002, porém, a implementação somente foi possível no primeiro semestre de 2003, em algumas áreas de conhecimento e no segundo semestre desse ano, abrangendo todas as áreas.

Este projeto visa atingir os seguintes objetivos: proporcionar ao formador de professores a vivência da realidade da sala de aula, ampliar seus saberes por meio da vivência das próprias práticas, da transposição do seu discurso, do seu modelo, do seu entendimento do saber-fazer com alunos reais, construindo e (re)construindo sua competência profissional, validando os processos formativos e, consequentemente, transformando a prática educativa do professor, com vistas a resultados de melhoria da qualidade de ensino.

O Projeto *in loco* também pretende estreitar as relações entre analista pedagógico e professor, para se tornarem parceiros na interação pedagógica, desconstruindo a desconfiança, algumas vezes revelada explicitamente, outras implicitamente.

Provavelmente esse viés seja consequência dos próprios processos de formação continuada, ou seja, sugere-se um recorte da realidade enfocando competências/habilidades a serem aprendidos, métodos, discussões teóricas e outros, sem a devida articulação com as questões que permeiam as relações instituídas no dia a dia da sala de aula, porque estas não fazem parte da vivência do formador de professores.

O desenvolvimento do Projeto *in loco* foi planejado para acontecer nos meses em que não há encontros de formação de professores, ou seja, nos meses de fevereiro, abril, maio, agosto e outubro de cada ano.

Essa ação tem origem nos encontros regionais de formação docente que acontecem quatro vezes ao ano nos quais os professores inscrevem-se, voluntariamente, como parceiros do analista pedagógico para o desenvolvimento do Projeto *in loco*.

Durante os encontros de formação com os professores, no ano de 2001, na rede escolar Sesi-SP, foram frequentes as argumentações: "é fácil falar, quero ver trabalhar com quarenta alunos na classe". Dessa forma, pensou-se o Projeto *in loco* como um mecanismo de legitimação dos processos formativos que oportunizasse aos formadores de professores afirmar: "esse modelo já foi vivenciado em um contexto escolar, e foi possível".

Assim, o Projeto *in loco* caracteriza-se por uma ação conjunta entre analista pedagógico (formador de professores) e o professor titular da classe. O desenvolvimento deste projeto perpassa pelas seguintes etapas:
- formador de professores (analista pedagógico) explicita os objetivos e a metodologia do Projeto *in loco* e abre as inscrições para

os professores que desejarem participar como colaboradores em uma possibilidade de autoformação do analista pedagógico;
- selecionados por meio de sorteio, o professor e a respectiva escola estabelecem o cronograma de atividades do Projeto *in loco*;
- a primeira atividade do cronograma consiste na análise do plano docente do professor. Análise que é realizada em conjunto: professor e analista pedagógico decidem por eventuais alterações, bem como quais conteúdos e respectivas atividades serão ministrados pelo analista pedagógico, enquanto o professor é observador, nessa prática;
- a próxima etapa constitui-se no fazer pedagógico com alunos do ensino fundamental, e o formador desenvolve esse fazer com base nos pressupostos metodológicos descritos nos Referenciais Curriculares da Rede Escolar SESI-SP, diretrizes que norteiam a proposta educacional dessa rede. Nesse fazer pedagógico, o professor observa a prática educativa do formador de professores com seus alunos, e, se julgar necessário, também faz intervenções pedagógicas, propiciando, assim, a realização de um fazer compartilhado, pois trata-se de uma observação participativa;
- na última etapa, formador e professor identificam dificuldades, possibilidades e promovem uma autoavaliação do trabalho realizado.

Finalizadas as etapas do Projeto *in loco* na escola, o analista pedagógico elabora relatório, registrando a memória do fazer pedagógico, tendo como foco principal, para o formador, a autoformação por meio da reflexão do vivido em uma experiência de interação com o professor, com os alunos e com o meio no qual foram desenvolvidas as atividades.

Há que se esclarecer também que no Projeto *in loco* professor e analista pedagógico elaboram planos de trabalho docente e desenvolvem práticas pedagógicas com alunos, coletivamente. Elaborar plano de trabalho docente implica organizar o ambiente da vida escolar, de modo que os alunos se defrontem com suas capacidades de aprendizagem. Significa que analista pedagógico e professor organizam juntos: "o quê", "para quê", "com o quê" e "como"; pressupõe selecionar conteúdos, não como fins, mas como meios para estar a serviço da aprendizagem de competências/habilidades.

Assim, considera-se um compartilhamento de responsabilidades, de integração das competências pedagógicas, objetivando aprender outros conhecimentos quanto às reais necessidades, interesses e aspirações dos alunos do ensino fundamental.

No Projeto *in loco*, o analista pedagógico tem possibilidade de elaborar o seu percurso de formador de professor em uma perspectiva de aprimoramento contínuo das suas competências e da qualidade de sua intervenção. Espera-se que, nesta ação, formador de professor e professor-formando tenham a oportunidade de fazer emergir um construto que permita pensar, criar competências e que possibilite se ver, a partir de e, talvez, sobretudo, para além de, no que o sujeito é capaz de se tornar.

Então, espera-se que o formador, no desenvolvimento do Projeto *in loco*, tenha a oportunidade de se confrontar com a inconformidade dos modelos vivenciados, percebendo-os como não sendo suficientes aos processos formativos; mobilizando-se à procura da reconstrução de conhecimentos que estão impregnados na dinâmica da vivência escolar, para que estes possam emergir e, ao mesmo tempo, articularem-se aos saberes já instituídos, dando-lhes outros poderes de intervenção positiva na formação de professores.

Não se pode negar que as escolas estão carregadas de incertezas, conflitos, dilemas e novas e complexas necessidades colocadas aos professores pela sociedade atual. É neste cenário que se ocorrerá a investigação.

3. Aporte teórico do Projeto *in loco*

A ideia do Projeto *in loco* foi iluminada por diversos autores que se dedicam às pesquisas de formação com enfoque na construção de saberes do adulto profissional, em uma perspectiva crítico-reflexiva.

Nesse sentido, Nóvoa (1997, p.25) declara que a formação deve ser uma ação desencadeadora de um processo crítico-reflexivo, que possibilite o pensar autônomo, de forma a privilegiar as dinâmicas de autoformação.

Decorre daí que o exercício da ação-reflexão-ação também deve ser proposto ao formador para que ele possa se perceber enquanto sujeito aprendente em uma ação de formação.

Nesse processo de reflexão, é preciso tomar distanciamento da sua prática principal, para uma visão do seu próprio saber-fazer, com o fim de facilitar sua interpretação nos contextos de formação em que atua como formador, observando também a sua aprendizagem.

Hadji (2001, p.14-15) nos traz uma questão relevante referente às práticas de formação que vêm fortificar o pensamento de que o formador, também, deve apropriar-se dos conhecimentos e dos sentimentos que impregnam o movimento do cotidiano escolar:

> [...] idealmente é necessário: imaginar práticas de formação que tenham uma relação de analogia estrutural com as práticas profissionais que se pretende desenvolver: aplicar na formação os métodos que o professor aplique em sua classe [...] colocando em prática os modos de saber que se deseja saber promover.

Aplicar a analogia dos processos na formação pressupõe vivenciar situações reais da "vida" da sala de aula. Aí está a causa do Projeto *in loco*: o analista pedagógico, ao sentir a realidade de uma classe do ensino fundamental com 40 (quarenta) alunos, (média de alunos das classes das escolas da rede escolar do Sesi-SP), construir seus saberes, isto é, ampliar sua autoformação em uma dimensão até então não experienciada.

É ainda com Hadji (2001) que este convencimento adquire proporção, pois, toda formação implica necessariamente formar a si mesmo, confrontar seus modelos, suas crenças, suas metodologias, com os movimentos do espaço de aprendizagem dos alunos.

Corrobora com esse pensamento Placco (2002), ao levantar a hipótese de um especialista intervir nos processos de formação docente para auxiliar no desvelamento de suas funções, isto é, ajudar no apropriar-se conscientemente da tarefa educacional, porque abarcam valores, crenças, vivências: um formador que "privilegie a formação de um educador consciente, responsável pela construção de seu conhecimento, um educador preocupado com a análise crítica das realidades sociais e com a busca de alternativas de ação para a transformação". (Placco, 2002, p.32).

A construção do conhecimento do adulto – o aprender – significa considerar suas experiências, suas teorias, suas histórias de vida, o desenvolvimento das próprias competências em relação ao que é relevante para a vida em seu contexto social e cultural. Dessa forma, professores apropriam-se de saberes e práticas no percurso de suas funções profissionais que, muitas vezes, não são valorizados pelos formadores.

Nesse sentido, Hernandez (1998) chama a atenção para a importância de pesquisar a forma como aprendem os formadores, tendo em vista que quase nunca são considerados como docentes, ou seja, pessoas que também ensinam e, portanto, têm dificuldades para aprender, para perceber sua aprendizagem nas situações de formação.

Há também a dificuldade do formador e do adulto, em geral, em apreender o "momento" que aprendem, pois não fomos estimulados a pensar nos nossos próprios processos de aprendizagem, e o Projeto *in loco* tem a intenção de oportunizar ao formador o exercício de pensar sua própria aprendizagem, no contexto social e cultural do cotidiano escolar. No caminhar desse pensamento, não há como deixar de citar Schön (1997, p. 90):

> Temos que chegar ao que os professores fazem através da observação directa e registrada que permita uma descrição

detalhada do comportamento e uma reconstrução das intenções, estratégias e pressupostos. A confrontação com os dados directamente observáveis produz muitas vezes um choque educacional, à medida que os professores vão descobrindo que actuam segundo teorias de acção diferentes daquelas que professam.

Entre o discurso e a prática há sempre um percurso complexo e muitas vezes contraditório pois é carregado de conflitos epistemológicos. Provavelmente, no caso dos formadores de professores, por conta da dificuldade de concretização da organização das situações de aprendizagens que não foram vivenciadas pelo formador e que, na maioria dos centros de formação, continuam apenas sendo verbalizadas.

Dessa maneira, poderia ser relevante na formação de formadores, além do discursar sobre as questões do ensino, mesmo que estas sejam objeto de reflexão, efetivamente viver situações reais para, possivelmente, compreender o distanciamento entre o dizer e o fazer pedagógico.

Isso não significa negar a reflexão; significa torná-la real, não apenas ao professor, mas ao formador de professores, que também necessita "refletir sobre a ação" e sobre o que aprende. O formador de professores também precisa sentir o professor no seu lócus de trabalho, ouvir os alunos, enfim, sentir os movimentos que ocorrem nos espaços de alunos e professores e, assim, possivelmente construir mais saberes de formador de formadores a partir da reflexão da sua prática no real dessa sala de aula e do exercício da auto-observação. Saberes que possam transformar as ações formativas e, talvez, a prática docente.

A realidade brasileira mostra que professores recebem baixos salários, trabalham em várias escolas e não dispõem de tempo e nem de dinheiro para investir em estudos.

Por outro lado, o formador de professores, normalmente no seu local de trabalho, tem à disposição literatura, espaço para estudos, participa de congressos, cursos e outros, construindo sua autoformação teórica. Pode-se falar, também, em autoformação deste profissional da educação quando, em ação nos projetos de formação, com os docentes, elabora e reelabora saberes da prática nos espaços formativos. Por isso, nesta pesquisa, inverto o sentido da investigação da grande maioria das pesquisas: o foco passa a ser a autoformação do formador de docentes, tendo como ponto de partida a realidade dos docentes no contexto escolar.

Outro aspecto que merece ser levado em conta na formação de adultos é a afetividade, as relações que se estabelecem nas ações formativas. A interação afetiva que é produzida entre formador e formando deve ser considerada nos processos de formação, com o intuito de evitar se esvair o desejo de continuar aprendendo. A autoformação do formador depende, também, do vínculo que se estabelece nos encontros e desencontros com os formandos e com outros formadores.

Nessa direção, alguns cuidados foram pensados para a implantação do Projeto *in loco*. Assim, como já foi citado, o analista pedagógico realiza encontros de formação por polos regionais e, nesses encontros, explicita a intencionalidade do projeto: a autoformação do formador, a produção do seu próprio desenvolvimento, de suas competências, enquanto formador, clarificando que não há qualquer caráter fiscalizador nas intervenções, seja na sala de aula ou no diálogo com o professor. Para garantir a instauração da confiança dos docentes, tendo em vista que, no adulto, há uma interação contínua entre o afetivo e o cognitivo, é proposto nesses encontros uma inscrição para aqueles que desejarem, voluntariamente, participar do Projeto *in loco*.

Esta ação visa demonstrar ao professor que este novo espaço de formação permite o aprendizado para formador e formando, porque a aprendizagem é um processo constante para a humanidade e infinito enquanto há vida; porém, o que se vai privilegiar é a possibilidade de o especialista questionar o seu saber e o seu saber-fazer para recriar novos processos formativos.

3.1 Olhando a realidade por meio do Projeto *in loco*

Mais do que "olhar" a realidade, é necessário vivenciar a complexidade do processo de ensinar, visando a uma tomada de consciência das dificuldades que os professores enfrentam no cotidiano escolar e, talvez, apreender algumas causas impeditivas de práticas transformadoras.

Esse "olhar" real significa compreender o porquê do não deslocamento do professor que, embora tenha um discurso sobre práticas pedagógicas mobilizadoras, problematizadoras, articuladas aos saberes do senso comum dos alunos, tem um fazer essencialmente transmissor, preocupado com um produto meramente memorístico e, quase sempre, justifica suas ações nas demandas externas, ou seja, o problema está nas classes numerosas, nos baixos salários, na família, nos alunos indisciplinados...

Os dilemas vividos pelo professor atual, independentemente do local, da região e até mesmo do país, carregam angústias e contradições similares, como observa Fontoura (1995, p.176):

Exercer a sua liberdade e responder às necessidades da sociedade dá lugar a numerosas ambivalências, pois que, seja qual for o grau de autonomia, pessoal e ideológica do professor, essa autonomia sempre se inscreverá em um quadro de estruturas e normas políticas e culturais. Na verdade, o professor nunca está sozinho, nem mesmo na classe com os seus alunos. As exigências da instituição, a posição dos projetos individuais, a pressão social, as solicitações do exterior inscrevem-se cada vez mais no sistema relacional professor/aluno e influenciam cada vez mais o acto pedagógico. Uma outra antinomia decorre do facto de no professor terem origem dois processos que não se implicam necessariamente: a transmissão racional de um saber e a motivação. A transmissão do saber exige a racionalidade, precisão, rigor, enquanto a motivação, a conquista efectiva dos alunos, supõe uma relação afectiva aberta com o menor número possível de constrangimento. A situação é extremamente complexa e acaba por levar o professor a construção de uma identidade profissional própria forjada no encontro em si mesmo de lógicas contraditórias e de referentes nem sempre compatíveis.

Assim, e independentemente da área em que atua, o professor, no exercício de sua profissão, por conta das circunstâncias e do novo cenário mundial, adota uma identidade em meio a contradições, em uma complexidade das funções que lhe são atribuídas, sabendo que não poderá mais se limitar a ser mero transmissor de informações, pois estas estão ao alcance dos alunos na televisão, na Internet, nos jornais e, ainda, de uma maneira muito mais atraente do que o professor pode proporcionar com suas aulas tão somente expositivas.

Ao estar longe dos olhares dos formadores, na sala de aula, tendo como espectadores apenas seus próprios alunos, entretanto, alguns até arriscam tentativas coerentes com o discurso; todavia, na maior parte do tempo, é um expositor. Onde está a dificuldade? Por que uma verbalização oposta à ação? Que fatores "poderosos" inibem as ações para uma prática não transmissiva? Por que a reflexão sobre sua prática não acontece?

3.2 Quando somente a reflexão não basta

Em contrapartida, deixar que o professor, sozinho, construa a sua teoria por meio da reflexão sobre a sua prática é uma utopia em um país no qual os professores recebem baixos salários, têm vários empregos, não têm o hábito e o acesso à leitura, estudo e literatura nas suas diferentes formas.

Do mesmo modo, não é possível a reflexão no vazio, sem espaços para discussão e, principalmente, sem contribuições para analisar criticamente o seu saber-fazer para provocar questionamentos das suas ações realizadas.

Mais uma vez, trago Aquino e Mussi (2001), que afirmam que o professor, na prática formativa por eles investigada, com base no sujeito reflexivo, não reconhece o fazer reflexivo que lhe é proposto, deslocando suas reflexões ao recolocá-las em outro nível de questionamentos, ou seja, no discurso do professor não aparece a reflexão da sua prática, porém se percebe uma atitude de questionar outras demandas que não estão articuladas às práticas docentes.

Que condições têm o professor para refletir sobre o que lhe é proposto? Qual o conceito sobre professor reflexivo? Adiante nos propomos a examinar essas questões.

Gómez (1997, p. 369) dispõe que a reflexão não é um mero processo psicológico individual, porém, pressupõe "um sistemático esforço de análise, como a necessidade de elaborar uma proposta totalizadora, que captura e orienta a ação".

Assim, a reflexão implica retroceder mentalmente o percurso percorrido, suas experiências, seus valores, suas crenças, com a intencionalidade de identificar caminhos e descaminhos da ação educativa, analisando contextos percorridos diante dos quais é necessário tomar decisões em um processo de transformação.

De outro prisma, Pimenta (2002) destaca que alguns autores têm criticado a reflexão restrita à sala de aula por entendê-la reducionista ao desconsiderar a influência da realidade social sobre o contexto em que ocorre a educação, entretanto, não se pode desconsiderar outra realidade que a história da educação, de um modo geral, tem revelado: o professor não tem uma postura reflexiva intencional sobre a sua prática, nem mesmo no espaço restrito da sala de aula. Desse modo, necessário se faz, preliminarmente, mobilizar os professores para uma reflexão intencional sobre o seu fazer pedagógico para, posteriormente, ampliar a reflexividade além dos contextos escolares.

Há que se destacar, ainda, que Pimenta (2002) pontua a teoria como possibilidade de superação dos limites da praticidade com o fim de compreender as restrições na centralidade da aula e ampliar saberes contextualizados com as realidades sociais, econômicas e políticas.

Concordo com os dizeres dessa autora, porque inexiste prática construída a partir do nada; entendo que não é possível discutir a prática sem apontar as teorias subjacentes às mesmas; seria um diálogo desconexo no qual um interlocutor responde aos seus próprios questionamentos, ignorando totalmente a fala do outro, ou seja, um diálogo de "surdos". Prosseguindo nessa perspectiva, a reflexão intencional sobre a prática educativa, aliada às teorias e à instrumentalização de um saber-fazer pedagógico, a meu ver, poderá indicar um caminho para a construção de conhecimentos/saberes. Nesse aspecto, busco Piaget, para o qual "o conhecimento é ação e procede da ação". (Ferrero, 2001, p.137).

Dessa forma, o formador de professores, em uma ação de pensar, vivenciar, experimentar suas proposições postas nos processos de formação, poderá intencionalmente realizar uma "teoria-prática" reflexiva, analisando com profundidade e criticidade os movimentos do contexto da aula, para real compreensão dos mesmos, visando mapear os problemas, buscando pistas para a reelaboração dos processos de formação.

A capacidade de refletir sobre os processos de formação pode ocorrer em vários espaços de ação educativa. Entretanto, a meu ver, é na escola, na sala de aula que, especialmente, ela deve ser desenvolvida, não só pela prática, mas também pelas teorias pedagógicas e de ensino e, mesmo, pela instrumentalização da ação docente como facilitadora para compreensão e realização da complexa tarefa da educação.

Não se trata de fragmentar conhecimentos, mesmo porque não há como dissociar, na realização de uma ação, um saber de outros demais saberes. Porém, neste momento é necessário concentrar-se em um aspecto da formação para compreensão do problema posto para esta pesquisa: que saberes são elaborados em uma experiência vivida com professores e alunos em contexto diário, no processo de autoformação do formador, que se tornam relevantes para os processos formativos?

García (1999) chama a atenção para esse tipo de conhecimento, afirmando que a sua relevância está em não poder ser assimilado de forma linear ou mecânica, como também não é possível ser "ensinado" nas instituições de formação de professores, vez que constitui uma construção pessoal do professor.

Dessa maneira, possivelmente, o formador de professores, de forma crítica e reflexiva, se apropria de saberes que oportunizem intervenções mais próximas do real, durante os processos formativos, auxiliando professores no desenvolvimento e organização de seus saberes, repensando suas teorias e suas próprias atitudes.

4. Os sujeitos da pesquisa: analistas pedagógicos e sua formação no Sesi-SP

Os sujeitos nesta pesquisa são profissionais da educação da rede escolar Sesi-SP, sujeitos do ofício de formação de formadores, ou seja: os formadores de professores. Esses formadores, na rede escolar Sesi-SP, são denominados analistas pedagógicos, presentes na gerência de Supervisão de Ensino, da diretoria de Educação Básica, no departamento regional do Sesi de São Paulo.

No ano de 2002, a diretoria de Educação Básica do Sesi-SP passou por uma reestruturação. Foi criada a gerência de Supervisão de Ensino, na qual exerço o cargo de gerente, constituída de quatro áreas: legislação e procedimentos, treinamento e assistência ao professor, metodologia e avaliação.

Cada uma dessas áreas, exceto a área de legislação e procedimentos (formada por supervisores de ensino), é composta por profissionais da educação das modalidades de educação infantil e do ensino fundamental, habilitados nas diversas áreas de conhecimento, com a atribuição de formador especialista, no processo da formação continuada dos professores da referida rede escolar.

Para compor essas áreas, foi realizado um concurso por intermédio de Concursos e Vestibulares da PUC de São Paulo, do qual participaram apenas os professores e diretores de escola da rede escolar do SESI-SP, objetivando oportunizar ascensão profissional àqueles funcionários e, por outro lado, facilitar a implementação da reestruturação com educadores conhecedores da instituição e das suas diretrizes.

Os requisitos exigidos para a participação no concurso foram: ser funcionário da área de educação do SESI-SP há no mínimo dois anos, licenciatura plena na área de conhecimento de opção e curso de pedagogia.

Quanto ao salário, a remuneração é maior que a de diretor de escola. Seu cargo funciona sem hierarquização, ou seja, respondem diretamente à gerência de supervisão de ensino; não possuem subordinados.

Esses profissionais, ao assumirem o cargo de analista pedagógico, contavam com saberes práticos acerca da sala de aula ou da direção de uma escola, sendo que a maioria exercia o cargo de professor e alguns eram diretores das escolas do SESI-SP, conforme mencionado. Durante os primeiros meses do ano de 2001, todos passaram por um processo de formação intensiva com a gerência de supervisão de ensino e com consultores externos (especialistas das diversas áreas de conhecimento).

Esse processo foi pautado por discussão e reflexão sobre saberes e competências necessários à prática de formador de docentes, sobre a articulação entre as diversas áreas do conhecimento e os pressupostos metodológicos gerais da proposta educacional do SESI-SP, nas modalidades de educação infantil e do ensino fundamental.

Outro espaço de formação para os analistas pedagógicos tem

sido constituído no momento da socialização dos processos elaborados para a formação de professores. São espaços de ações formativas que acontecem na semana que antecede a cada encontro de formação com os professores, nos quais os analistas pedagógicos apresentam seus planos para os encontros de formação com os docentes, à gerência de supervisão de ensino. Durante a apresentação, ocorrem intervenções em relação ao conteúdo e também à forma, às dinâmicas, ao estabelecimento de relações, visando a ações que impactem em referenciais para as práticas educativas do professor.

Os planos das ações formativas são apresentados por área de conhecimento, entretanto, o conjunto das situações formativas, independentemente da área de conhecimento, perpassa por um fio condutor de acolhimento do outro, do mobilizar, do questionar, para pensar em práticas pedagógicas que possam ser mais próximas das necessidades do cotidiano escolar.

Ressalto que a socialização dos procedimentos pensados para ações formativas tem provocado interações entre as diversas áreas de conhecimento, de forma a ampliar os diversos olhares disciplinares, possibilitando a reconstrução de produções de conhecimento, pois os analistas pedagógicos, ao final das apresentações, têm reelaborado seus planejamentos por influência das interações com o grupo e das intervenções da gerência.

Ao pensar a investigação da autoformação dos formadores, é preciso lembrar de Altet, Paquay e Perrenoud (2003), entre outros, quando afirmam que a formação de professores não é um ofício constituído, assim como a função do formador de formadores não está bem-identificada, pois a própria designação "formador de professores" é ambígua. Todavia, como demonstra o relatado, na rede escolar Sesi-SP, a história do formador de professores inicia--se com características homogêneas quanto à profissionalização, ou seja, as funções, atribuições, as práticas transformadas em ofício são resultantes de uma estrutura construída especificamente para o formador de formadores.

É importante, ainda, registrar outro processo de formação, para os analistas pedagógicos, que aconteceu no período de agosto a novembro de 2001, com todos os profissionais da educação da rede escolar Sesi-SP, por meio de um convênio entre a Coordenadoria Geral de Especialização, Aperfeiçoamento e Extensão (Cogea) da PUC de São Paulo e a diretoria de Educação Básica do Sesi-SP. Essa formação foi denominada de "capacitação" pelas instâncias superiores do Sesi-SP, abrangendo 400 (quatrocentos) educadores, entre eles 71 analistas pedagógicos, sendo 36 da gerência de supervisão de ensino.

Essa "capacitação" ocorreu sob a coordenação da Professora Doutora Vera Maria Nigro de Souza Placco e se desenvolveu em seis áreas de estudo, constituídas a partir dos temas: gestão, liderança, fundamentos da educação, psicologia da educação, didática e relações interpessoais e sociais.

Um dos fundamentos centrais dessa formação esteve na postulação de que saberes do cotidiano dialogam com os saberes das ciências, reconhecendo o conhecimento como rede no favorecimento da superação de dicotomias: entre sujeito e objeto, entre razão e emoção, entre ciência e senso comum, informação e formação. No âmbito da psicologia da educação, tendo como autores de referência Piaget e Vygotsky, estudou-se o fundamento construtivista em oposição à visão de tábula rasa/educação bancária, criticada por Paulo Freire.

Além disso, discutiu-se a didática fundamental em oposição à instrumental, como referência para quem pretende não apenas formar o aluno como leitor e autor do mundo, mas também o educador/professor. Esse processo formativo comprometeu-se com a formação de uma pessoa capaz de ser gestor, líder de processos cooperativos, construtor de uma escola e de uma rede de ensino voltada para a construção árdua e fundamental da cidadania criadora de relações sociais solidárias.

A análise dos resultados dessa formação aponta que os profissionais da educação do SESI-SP podem ser considerados profissionais competentes na rede de ensino na qual atuam e nas questões centrais de seu cotidiano institucional. Notou-se, também, grande envolvimento manifestado por todos, por meio da colocação de dúvidas, questões ou de afirmações e hipóteses adequadas aos temas tratados.

Ao final dessas ações formativas, os educadores foram submetidos a uma avaliação que se constituiu de uma prova objetiva, sob a responsabilidade da Coordenadoria de Vestibulares e Concursos da PUC–SP. Em consequência dessa avaliação, ou seja, aqueles que não obtiveram a média estipulada, aproximadamente 22% dos analistas pedagógicos, foram convocados para refazer esse processo no ano de 2002 e, desses, 12% continuaram a não apresentar resultados satisfatórios, razão pela qual foram dispensados no ano de 2003. Em relação aos sujeitos desta pesquisa, apenas um dos analistas pedagógicos obteve resultado insatisfatório na prova, participando pela segunda vez da formação.

Importante, também, registrar um movimento que ocorreu nos anos de 2001 e 2002: a elaboração dos Referenciais Curriculares da Rede Escolar do Sesi-SP. Trata-se da proposta educacional para a educação infantil e o ensino fundamental, explicitando a concepção de ensino, metodologia, formas de organização e pressupostos pedagógicos. Nesse movimento, foram chamados todos os profissionais da educação da rede para participar da elaboração de um novo currículo de educação infantil e de ensino fundamental, visando romper com o modelo de que o professor é mero executor das decisões tomadas em outras instâncias e, principalmente, para que o professor se reconhecesse como sujeito participante da construção da reforma curricular.

A produção de cada capítulo da nova proposta educacional daquelas modalidades de ensino era enviada preliminarmente aos docentes para leitura e manifestação. Nos encontros de formação entre analistas pedagógicos e docentes foram discutidas essas produções que versavam sobre princípios, objetivos, concepção de educação, de aluno, de homem, de sociedade, fundamentação teórica, relevância das áreas de conhecimento na formação do cidadão, conteúdos, habilidades e competências a serem desenvolvidos com os alunos, bem como os pressupostos metodológicos. Em consequência dessa reformulação da proposta educacional, sugestões dos professores foram incorporadas e proposições não aceitas por eles foram excluídas do documento em elaboração: Referenciais Curriculares da Rede Escolar Sesi-SP e Introdução ao Fazer Pedagógico.

Há um fato que não pode deixar de ser mencionado nesse percurso de construção dos Referenciais Curriculares da Rede Escolar Sesi-SP: a despeito de todos os capítulos, temas e subtemas deste documento, as manifestações dos docentes ocorreram tão somente em relação aos conteúdos a serem ministrados. A despeito, ainda, de os referenciais explicitarem uma prática metodológica contrária à praticada por esses docentes, isto é, uma metodologia centrada no aluno, no processo de ensino e da aprendizagem, na pesquisa, no ensinar a pensar – não houve nenhum registro de declarações contrárias aos pressupostos metodológicos explicitados nessa proposta educacional.

A ausência de manifestação contrária ao proposto parece demonstrar que esses profissionais concordam com a necessidade de outros modelos educativos, porém, a preocupação continua centrada no "quê" e não no "para quê" nem no "como" do ensino.

Pode demonstrar também que no início não se sentiam seguros para se contrapor à proposta, tendo em vista que os analistas pedagógicos, além de ocuparem um cargo mais alto hierarquicamente, na estrutura do Sesi-SP, representam o pensamento dos profissionais da sede da diretoria de Educação Básica.

Contudo, não se pode ignorar que os discursos dos docentes, pelo menos no sistema de ensino do Sesi-SP, estão carregados de paradoxos, quando comparados com a prática que professam: um fazer pedagógico voltado para a formação de cidadania, porém, constata-se uma grande dificuldade em romper com a prática tradicional, centrada apenas nos conteúdos, utilizando como metodologia somente a aula expositiva. Talvez essa dificuldade esteja relacionada às raízes da sua história escolar.

É nesse contexto que se inicia a formação no ano de 2003, no qual os analistas pedagógicos promovem atividades com os professores, em uma abordagem da homologia dos processos, ou seja, buscando o isoformismo:[16] o professor-formando vivencia processos que realizará com seus alunos. Promove, igualmente, questionamentos sobre as contradições das práticas pedagógicas docentes e propõem novas possibilidades para ensinar o aluno a pensar. É, ainda, nesse contexto, que se inicia a investigação de uma possibilidade de autoformação de formadores de professores por meio do já citado projeto chamado Projeto *in loco*.

---

[16] Correspondência de dois aspectos distintos, mas indissociáveis, de uma mesma realidade.

IV. Metodologia – referencial teórico e processos utilizados

1. A trajetória inicial

O caminho pensado para a metodologia nesta investigação foi percorrido na leitura de autores que utilizaram em seus trabalhos de pesquisa as abordagens autobiográficas: Ferrarotti, 1988; Dominicé, 1988a, 1988b, 1988c; Pineau, 1988; Chené, 1988; Finger, 1988; Josso, 1988, 1999, 2004; Finger e Novoa, 1988; Novoa, 1988, 1995; Moita, 1995; Catani, 2000, 2003; Bueno, 2002.

No início deste trajeto, aponto os dizeres desses autores que, de uma forma ou de outra, influenciaram a minha opção por uma metodologia em uma abordagem autobiográfica. Considerando a amplitude dessa abordagem, preliminarmente, chamo as ideias que melhor coadunam-se à intencionalidade[17] desta pesquisa para, posteriormente, declarar a opção dos elementos que nortearam este trabalho. Assim, após exposição dos diversos elementos teóricos daqueles autores, situarei o aspecto do método autobiográfico que será o foco da presente pesquisa.

O método biográfico, segundo Finger (1988), nasce como resultado de considerações epistemológicas e teóricas, perspectivando uma prática de processos de tomada de consciência, processos

---

[17] A intenção não se traduz em busca de apenas uma técnica de investigação, mas na adequação do método autobiográfico ao objeto dessa investigação: compreensão de uma possibilidade de autoformação.

que podem ser considerados como formadores para os adultos.

Entretanto, não é uma mera construção teórica, pois trata-se de um método que pretende valorizar a compreensão que acontece no interior da pessoa, notadamente, quanto às redes de relações que são estabelecidas nas vivências, nas experiências da sua história de vida. Uma compreensão que implica não só uma produção decorrente de uma reflexão crítica e histórica, mas, sobretudo, de uma investigação pessoal que se insere em processos de tomada de consciência[18] de ser, de saber fazer, de saber conviver. A opção pelo instrumento da narrativa tem influência de Chené (1988), quando diz que a narrativa é um instrumento que permite ao sujeito reapropriar-se da sua experiência de formação porque o texto encontra-se distanciado das suas vivências, integrando-o, ultrapassando-o, estruturando-o à sua maneira; favorece a compreensão do percurso da formação, as mudanças expostas pela história da formação nos caminhos narrativos.

Finger e Nóvoa (1988) declaram que a autoformação é aprofundada pela utilização do método biográfico na medida em que permite um conhecimento melhor dos determinantes constituintes deste processo. Esse método, no dizer dos autores citados, possibilita considerar um conjunto de elementos formadores que, normalmente, são negligenciados pelas abordagens clássicas porque possibilita que o sujeito compreenda a forma como se apropriou

---

[18] "A consciência constitui a forma como o indivíduo conhece o mundo, mas [...] em um trabalho de interpretação da vida, de nós mesmos, da relação com o mundo, através do pensar, do sentir, sonhar". (Aguiar, *Consciência e afetividade: categorias fundamentais da psicologia sócio-histórica*, p.104.)

da autoformação: respeitando os processos singulares dos sujeitos que se formam.

Dessa forma, entendo que a compreensão da constituição do sujeito em relação a seu saber, a seu ser, a seu saber-fazer, a seu relacionar-se com o social, em um processo por ele constituído, vai engendrando a sua formação.

Pineau (1988) declara que a constituição e a regulação da historicidade pessoal, na qual o sujeito reúne e ordena seus diferentes momentos de vida, permite a construção de um tempo próprio, dando-lhe uma consistência temporal específica, constituindo as características mais importantes da autoformação.

Ao encontro desses pensamentos vem Dominicé (1988b), ao afirmar que a biografia educativa permite identificar os processos específicos que marcam o processo geral de formação, abrindo caminho "a um melhor entendimento dos elementos que intervêm na construção e no funcionamento deste processo de formação".

Ainda, nos dizeres de Finger e Nóvoa (1988), o método autobiográfico privilegia a autoformação de formadores porque o sujeito, na procura da compreensão do próprio processo de formação, encontra outras possibilidades para a complexa tarefa de intervenção na formação do outro.

Desse modo, se a abordagem biográfica, de um lado, faculta apontar as estratégias seguidas pelos formadores no seu próprio movimento de formação e na apropriação de conhecimentos, saberes e competências, por outro lado, deve favorecer a definição dos saberes e das ações formativas mais importantes para o exercício da função de formador de formadores.

Ferraroti (1988; p. 25-26) destaca a "pregnância subjetiva" do método biográfico, porque o sujeito, nesta metodologia, coloca-se como um polo ativo, pois não é uma mera reflexão sobre o social; o sujeito se apropria dele, "mediatiza-o, filtra-o e volta a traduzi-lo, projetando-se em uma outra dimensão, que é a dimensão psicológica da sua subjetividade".

Nesse aspecto, mais uma vez em Dominicé (1988c), encontrei referências de clarificação do uso da narrativa biográfica, principalmente quando afirma que o "sentido das relações evocadas deve compreender-se no dado biográfico, considerando a sua globalidade". Assim, na biografia educativa o mais relevante não é o acontecimento em si, mas sim os sentidos que o sujeito lhe atribui na regulação do seu percurso de vida.

Neste particular, Bueno (2002) também ressalta que na base de todas as propostas da literatura sobre a "vida de professores", no âmbito dos estudos mais recentes sobre formação, está presente a subjetividade. A autora afirma que "a ideia nuclear" constituidora do conceito articulador das novas reformulações teóricas é a subjetividade, o que pressupõe um novo modo de conceber a própria ciência, ou seja, a subjetividade constitui-se também em objeto de investigação.

Bueno (2002) ainda observa que, para Ferrarotti, a subjetividade no método autobiográfico ocorre em diferentes níveis:
- por meio da subjetividade o pesquisador faz a leitura da realidade

do ponto de vista de um sujeito historicamente determinado;
- os materiais autobiográficos estão sujeitos a inúmeras deformações:
  - materiais escritos: "um sujeito-objeto que se observa e se reencontra";
  - materiais orais: interações entre observador e observado.

Como aponta Josso (2004), considerar o que foi a experiência oportuniza uma tomada de consciência da subjetividade19 e da intencionalidade do ato do conhecimento. A subjetividade na abordagem autobiográfica não é só individual, é também social, como afirma Ferrarotti (1988; p. 27):

> Toda a narrativa de um acontecimento ou de uma vida é, por sua vez, um acto, a totalização sintética de experiências vividas e de uma interação social. Uma narrativa biográfica não é um relatório de "acontecimentos", mas sim uma acção social pela qual um indivíduo retotaliza sinteticamente a sua vida (a biografia) e a interação social em curso (a entrevista), por meio de uma narrativa-interacção.

É ainda, em Ferrarotti (1988), que encontro uma importante referência que me fez perceber a possibilidade do sujeito compreender-se, ao mesmo tempo, na dimensão singular e universal.

> O homem é universal e singular. Pela sua práxis sintética, singulariza nos seus atos a universalidade de uma estrutura social. [...] Se nós somos, se todo o indivíduo é a repropriação singular do universo social e histórico que o rodeia, podemos

---

[19] "[...] o sujeito vivencia, experimenta, age e, nesse sentido, tem sua subjetividade". (Gonçalves, *Psicologia sócio-histórica*, p.73).

conhecer o social a partir da especificidade irredutível de uma práxis individual. (Ferrarotti, 1998, p.26-27)

Desse modo, entendo que o sujeito, ao narrar suas experiências, suas vivências nessas duas dimensões, tem a possibilidade de apropriar-se do conhecimento, dos saberes por ele produzidos. Assim, o método da autobiografia educativa poderá ser revelador de um autoconhecimento, porque possibilita o pensar sobre o vivido e permite ao sujeito "falar de si para si mesmo" sobre as suas práticas individuais ocorridas no universo social do cotidiano escolar.

Percorrendo o artigo de Nóvoa (1988), confirmei a escolha da abordagem biográfica em minha pesquisa: a história de vida é, ao mesmo tempo, um meio de investigação e um instrumento pedagógico, porque é essa dupla função que justifica a sua utilização no âmbito das ciências da educação e da formação.

Nóvoa (1988) declara que a abordagem biográfica reafirma o princípio segundo o qual é sempre o próprio sujeito que se forma, e forma-se na medida em que elabora uma compreensão sobre o seu percurso de vida, pois ele se implica no seu próprio processo de formação.

Josso (2004, p.29) qualifica a história de vida como referência das tomadas de posição do sujeito "estar-no-mundo singular/plural por meio da exploração pluridisciplinar, ou para alguns transdisciplinar", incluindo, também, a complexidade da própria biografia. A abordagem biográfica é, ainda, um meio de observação das situações educativas, porque permite interrogar as representações do saber-fazer e dos referenciais que servem para descrever e compreender a si mesmo, no seu ambiente natural.

Ainda, Catani (2000) afirma que o prazer de contar-se, de dizer-se, contribui para que o sujeito inicie uma reflexão sobre sua história e seus processos formativos; esse sentimento de prazer favorece a constituição da memória individual e coletiva, permitindo construir a sua compreensão e atuação.

No texto de Moita (1995, p.117-118) encontrei os pressupostos que me auxiliaram a pensar o desenvolvimento da metodologia em uma abordagem autobiográfica. Pressupostos estes que são evocados na explicitação do desenvolvimento metodológico desta pesquisa. Encontram-se assim definidos:

1. O "saber" que se procura é do tipo compreensivo, hermenêutico, profundamente enraizado no discurso dos narradores. O conhecimento dos processos de formação pertence antes de tudo àqueles que se formam. Para Dominicé (1989), "a pesquisa em matéria de educação, concretamente quando se inscreve no terreno da educação de adultos, não pode dispensar o saber do interlocutor". Para este autor não se trata de um problema ético, mas epistemológico. O papel do investigador é fazer emergir o(s) sentido(s) que cada pessoa pode encontrar nas relações entre as várias dimensões de sua vida.

2. O tipo de enfoque deste trabalho exclui a formulação de hipóteses a serem sujeitas à verificação, uma vez que não se procura a relação entre variáveis. Torna-se, porém, fundamental a definição de eixos de pesquisa que explicitem e delimitem o campo de investigação.

3. O quadro de análise interpretativo das histórias de vida é elaborado de um modo coerente com o objeto de pesquisa e o "corpus" biográfico recolhido. O problema é, como refere Ferrarotti (1984), ordenar, compreender sem desnaturar, sem violentar, sem sobreimpor um esquema preestabelecido.

4. Cada história de vida, cada percurso, cada processo de formação é único. Tentar elaborar conclusões generalizáveis seria absurdo. Como refere Dominicé (1985), "neste caso, a verdade não cabe na generalização. Existe uma singularidade de cada história de vida, que não permite que se considere como verdadeira toda a generalização que não tenha em conta essa singularidade". Assim, ler o geral a partir de uma singularidade radical exige um esforço que se quer profundo.

5. Neste processo de pesquisa impõe-se a criação de condições de uma efetiva implicação de todos os participantes. Gualejac (1989) escreve que a qualidade do material produzido depende do grau de implicação de cada participante, do desejo e capacidade de fazer memória da sua vida para a encontrar, exprimir e analisar. Esta implicação gera-se a partir de um "contrato de confiança", de uma negociação clara em torno dos objetivos do trabalho e do que se espera de cada um dos participantes. Esta clarificação contém também as condições deontológicas que se impõem e que dizem respeito ao "destino" do material recolhido e ao eventual anonimato dos intervenientes.

6. O tipo de relação a manter com os narradores é caracteri-

zado pela colaboração, pela partilha, pela escuta empática, por uma atitude que reflete uma situação de paridade. Esta atitude não é uma estratégia para obter mais facilmente "informações" ou para ganhar a confiança dos implicados, mas decorre de um posicionamento de princípio. Ferrarotti (1983) sublinha que a qualidade da relação que se estabelece é importante, não só em termos humanamente significativos, "mas parte integrante e garantia da correção metodológica".

7. A participação neste trabalho contém um caráter necessariamente formativo em relação a todas pessoas nele implicadas (...). Embora se situe claramente no domínio da investigação, é oportunidade formativa pelas características da metodologia pela qual se optou. A apropriação que cada pessoa faz do seu patrimônio existencial por meio de uma dinâmica de compreensão retrospectiva é, segundo Nóvoa (1998), um fator de formação. (...)

Nesta trajetória, outro aspecto que julgo significativo sobre a abordagem autobiográfica é a sua qualidade heurística, isto é, esse método permite ao sujeito se autodescobrir e produzir um conhecimento originário de seus vários olhares, de seus vários saberes, como bem expressa Nóvoa:

> de fato, a qualidade heurística destas abordagens, bem como as perspectivas de mudanças que são portadoras, residem em grande medida na possibilidade de conjugar diversos olhares disciplinares, de construir uma compreensão multifacetada e de produzir um conhecimento que se situa na encruzilhada de vários saberes. (Nóvoa, 1995, p. 20)

Desse modo, quando os sujeitos se reconhecem nos relatos que contam sobre si próprios, sobre a própria vida profissional, especificamente sobre o saber fazer e o saber ser, eles engendram a possibilidade de conhecer seus próprios pensamentos, suas próprias concepções de mundo, de sociedade, de educação e, consequentemente, seus modos de aprender.

O objetivo da autobiografia educativa é coletar informações significativas, pois se trata de um recurso que permite rever trajetos pessoais em um contexto vivido e, ao mesmo tempo, refletir sobre o devir, abrindo caminhos para compreensão do próprio fazer, das dificuldades, das contradições, fazendo emergir o significado de suas ações. Neste aspecto, Santos Neto (2001, p.35) lembra que:

> [...] os adultos precisam tomar consciência no seu processo formativo sobre chegarem a interpretar o mundo como interpretam, e o método biográfico presta-se a isto; este processo auxilia os adultos a elaborar suas identidades, a criticar as ideologias entre as quais vivem e a lutar pela construção de uma ordem social na qual acreditem.

Assim, neste percurso de leitura, acompanhado de uma intensa reflexão, encontrei muitos elementos que me auxiliaram na busca de pressupostos e dos processos metodológicos competentes para a investigação do problema desta pesquisa que me conduziram ao método autobiográfico por entender que este possibilita a identificação de saberes elaborados ou não, na perspectiva da autoformação, por meio da mobilização da subjetividade como modo de produção do saber e a intersubjetividade20 como suporte do trabalho interpretativo e de construção. A subjetividade tem sido objeto de estudo de vários autores, comportando diversas concepções. Assim, considerando-se a abordagem autobiográfica da metodologia utilizada nesta pesquisa, por influência de Ferrarotti (1988) e de Rey (2003), a busca da subjetividade neste trabalho consiste na busca das expressões da ação do sujeito individual, que é sempre socialmente produzida em processos que integram o sujeito e o social, na complexidade da inter-relação processual caracterizada pelo desenvolvimento da ação social do sujeito. Admitir a constituição subjetiva do sujeito pressupõe considerá-lo em sua singularidade, em sua história, vez que sua constituição subjetiva revela de forma singular o social em que vive, que constitui e é constituído (Rey, 2003).

2. Anunciando o caminho nos referenciais teóricos do método autobiográfico

"Esta aventura de conhecer a si mesmo, todo ser a vive.

É ela que dá sabor, sentido e luz à vida."

Charles Juliet

Josso (1999) destaca "histórias de vida" (entre aspas) que são aquelas colocadas a serviço de projetos, que embora não desvalo-

---

[20] A partir de Vigotsky, toma-se a subjetividade constituída na intersubjetividade, portanto, a partir do significado, que é social e objetivo, apropriado pelo sujeito a partir de sua atividade, que se expressa na atribuição de sentidos pessoais. (Gonçalves A *psicologia como ciência do sujeito e da subjetividade: o debate pós-moderno*, p. 72)

rizem o trabalho biográfico, são necessariamente adaptadas e restritas ao foco do projeto do qual se integra, enquanto histórias de vida, no sentido pleno do termo, diz respeito à totalidade da vida, nas dimensões passadas, presentes e futuras. Acreditando, como Josso, que histórias de vida abrangem a totalidade da vida em todos os seus registros, nesta investigação os sujeitos foram estimulados a realizar "viagens ao passado", "viagens ao futuro", partindo do "estar-no-mundo". Porém, nesta investigação, não estou olhando a "vida inteira", mas investigando um recorte circunscrito às percepções dos sujeitos em relação a autoformação.[21]

Nesse caminhar, é ainda em Josso (1988) que encontro outros elementos que me auxiliam a pensar a utilização do método autobiográfico, quando a autora define "biografia educativa" como um instrumento de compreensão dos processos de formação do ponto de vista dos educandos, ao afirmar que a construção da biografia educativa não é uma narrativa de vida enquanto resultado de uma história de vida na sua globalidade, porém, é produto de um processo em que cada fase constitui tanto o fim de uma interrogação como o ponto de partida de outra. Entendo que, em um percurso de questionamentos, o educador avança em autoinvestigação que lhe propicia buscar respostas para se apropriar da sua formação, pois as perguntas mobilizam o querer compreender.

---

[21] Concordo com Pineau (1988) quando define a autoformação como "a apropriação por cada um do seu próprio poder de formação".

3. O recorte na abordagem do método autobiográfico – autobiografia educativa

Para realizar esta pesquisa, com base nos referenciais teóricos citados anteriormente, optei pela abordagem biográfica – autobiografia educativa, notadamente, porque Josso (2004) aponta que a opção metodológica em uma abordagem biográfica, especificamente a que conduz à narrativa de formação denominada biografia educativa, possibilita trabalhar com recordações consideradas pelos sujeitos como "experiências" significativas de suas aprendizagens nos caminhos socioculturais e das representações que foram sendo construídas de si mesmos e do seu "ambiente humano e natural".

As dimensões presentes nas narrativas biográficas, como refere a autora, abarcam o passado que se efetua, tendo como ponto de partida os interesses, as preocupações, as expectativas, os desejos de um presente que "contém um futuro implícito ou explicitamente projetado", com a possibilidade de desvelar um saber viver consigo, com o outro e com o meio (JOSSO, 2004).

Assim, as abordagens das histórias de vida,[22] segundo Josso (2004), apontam praticamente para dois tipos de objetivos teóricos:
- sinalizam, por meio de pesquisa-formação, um processo de mudança de posicionamento do pesquisador, diferenciando melhor as modalidades e os papéis assumidos, bem como as etapas e os

---

[22] Nos estudos realizados, encontrei, além do termo abordagem biográfica, as expressões: história de vida, método (auto)biográfico, biografia educativa, método biográfico, investigação narrativa, história de vida educativa, e outros.

projetos de conhecimento específicos desse tipo de pesquisa, articulada à construção de uma história de vida;
- delimitam a contribuição do conhecimento dessas metodologias para um novo espaço de reflexão, abrangendo a formação, a autoformação e as suas características.

Com base em todas as referências expostas, o Projeto *in loco* me pareceu prestar-se bem a ser estudado na perspectiva da elaboração de autobiografias educativas, por considerar que é um meio educativo favorável aos sujeitos, que são adultos atuando como profissionais da educação, no ofício de formador de formadores, tendo como objetivo uma possibilidade de autoformação.

Considerando que a presente pesquisa está imbricada no Projeto *in loco*, que envolve a temática da autoformação do formador de professores, os objetivos anteriormente apontados me dizem que as narrativas das atividades dos sujeitos constituem materiais que favorecem a compreensão dos seus processos de formação, de seus saberes e aprendizagens, o que explica sua ancoragem no método autobiográfico.

Por outro lado, António Nóvoa (1995, p.7) faz um alerta quanto à utilização das abordagens (auto)biográficas na formação de professores com o fim de se evitar que tais práticas se banalizem, sendo necessário atentar ao rigor metodológico e suas dimensões críticas, pois "trabalhar a partir de abordagens (auto)biográficas exige atenção redobrada e um grande cepticismo. Muito do que parece não é".

Nesse sentido, esclareço que pretendo focar apenas um aspecto da autobiografia, que é o profissional e é Nóvoa, mais uma vez, quem ilumina este percurso ao apontar que, a despeito da dificuldade em fracionar as diferentes abordagens autobiográficas, é possível uma categorização por meio de objetivos e dimensões.

Neste ponto, a utilização da narrativa profissional do formador de formadores tem por finalidade analisar as informações que dão conta de responder às indagações propostas na localização do problema desta pesquisa, ou seja, se são significativos os saberes de que os sujeitos se apropriaram, se esses significados permitem fazer alguma diferença nos processos formativos que os sujeitos desencadeiam, tanto no que diz respeito à sua planificação quanto à própria execução.

Considerando que o tema central deste estudo é a autoformação do formador, na prática da sala de aula do ensino fundamental, para uma compreensão multifacetada da construção de saberes e para a identificação das informações significativas nas aprendizagens dos sujeitos, a análise das autobiografias dos analistas pedagógicos ancorou-se no *Quadro 1. Objetivos da formação nas dimensões pessoais práticas e profissionais*, a seguir descrito. Esse quadro foi elaborado com base nos ensinamentos de Nóvoa (1995, p. 20); a partir das suas propostas, optei por objetivos relacionados à formação de formadores, envolvendo três dimensões: pessoais práticas e profissionais.

Dimensões / Objetivos	Relacionados com a formação do formador
Pessoais (dos formadores)	Incluem-se, neste estudo, práticas de formação de formadores, experiências que valorizaram as dinâmicas de autoformação a partir de autobiografias educativas. Preocupações com os aspectos da própria formação pessoal, aspectos das próprias atitudes.
Práticas (dos formadores)	Trata-se de rememorar práticas do analista pedagógico por meio da autobiografia educativa, tendo como objetivo produzir uma reflexão autoformadora a partir da vivência do Projeto *in loco*.
Profissionais (ofício de formador de formadores)	Importa considerar neste item as iniciativas de aspecto mais institucional, visando incluir a possibilidade de autoformação na continuidade ou não do referido projeto. Refere-se a definição do papel do analista pedagógico e suas expectativas quanto à instituição.

Quadro 1. Objetivos da formação nas dimensões pessoais, práticas e profissionais

Conhecer o conteúdo formativo da prática, no cotidiano da escola, implica abordar o processo escolar como um conjunto de relações e práticas instituídas historicamente e buscar as interpretações que foram sendo construídas pelos professores. Nessa direção, julgo que a narrativa da autobiografia educativa pode se constituir em um bom instrumento de investigação para descobrir outras possibilidades de pensar e desenvolver processos de formação de formadores.

Assim, a partir do Quadro 1, é possível agrupar três tipos de estudos, que não devem ser entendidos como "categorias exclusivas", mas, apenas, uma maneira de compreender os aspectos que são objeto de maior atenção e que são melhores explicitados em uma matriz, mais adiante, de categorias mais pormenorizadas.

Neste sentido, é nos princípios anunciados por Nóvoa (1988, p.128-130) que encontro outros elementos de ancoragem para este trabalho, que constituem referência a qualquer projeto de formação de adultos, e que entendo como referenciais, inclusive para formação de formador de formadores, resultantes da aplicação do método autobiográfico, assim definidos:

1. O adulto em situação de formação é portador de uma história de vida e de uma experiência profissional; as suas vivências e os contextos sociais, culturais e institucionais em que as realizou são fundamentais para perceber seu processo de formação. Mais importante que pensar em formar este adulto é refletir sobre o modo como ele próprio se forma. Isto é, o modo como ele se apropria do seu patrimônio vivencial através de uma dinâmica de "compreensão retrospectiva".

2. A formação é sempre um processo de transformação individual, na tripla dimensão do saber (conhecimento), do saber fazer (capacidades) e do saber-ser (atitudes).

3. A formação é sempre um processo de mudança institucional, devendo por isso estar intimamente articulada com as instituições onde os formadores exercem a sua atividade profissional.
4. Formar não é ensinar às pessoas determinados conteúdos, mas sim trabalhar coletivamente em torno da resolução do problema. A formação faz-se na "produção", e não no "consumo", do saber.
5. A formação deve ter um cariz essencialmente estratégico, preocupando-se em desenvolver nos formandos as competências necessárias para mobilizarem em situações concretas os recursos teóricos e técnicos adquiridos durante a formação.
6. E não nos esqueçamos nunca de que, como dizia Sartre, o homem caracteriza-se, sobretudo, pela capacidade de ultrapassar as situações, pelo que consegue fazer com que os outros fizeram dele.

Esses princípios, de acordo com Nóvoa (1988), constituem referências a qualquer projeto de formação de adultos, nos quais encontrei eco das narrativas autobiográficas elaboradas pelos sujeitos desta pesquisa, para o âmbito da formação de formadores. No momento da interpretação, eles serão chamados para explicitar possíveis apropriações realizadas pelos sujeitos em relação aos seus processos de formação. Como afirma Pineau, o método autobiográfico constitui uma possibilidade de investigação e, ao mesmo tempo, de autoformação, ou seja, permite ao sujeito apropriar-se do "seu próprio poder de formação" (Pineau, 1988, p.67).

Reconheço, nesses princípios, referências comuns em situações vividas nos espaços de formação coletiva, principalmente nas sessões organizadas para a socialização das ações formativas de cada grupo de analistas pedagógicos, que antecedem aos encontros formadores com os professores da rede escolar Sesi-SP, notadamente, em relação ao quarto princípio que dispõe que a formação não é, efetivamente, ensinar ao outro, porém, é trabalhar coletivamente na busca de soluções.

4. Caracterização dos sujeitos desta pesquisa

Todos os 36 analistas pedagógicos da Gerência de Supervisão de Ensino participam do Projeto *in loco*. Desse grupo geral, convidei alguns deles para participar desta investigação; o critério inicial utilizado foi a representação de todas as áreas de conhecimento do ensino fundamental.

Inicialmente, convidei dois analistas pedagógicos como representantes das diversas áreas de conhecimento do ensino fundamental, porém alguns tiveram problemas de saúde, sendo obrigados a ausentarem-se do trabalho por um período e outros foram aprovados no concurso de supervisão de ensino, assumindo outros cargos. Dessa maneira, decidi por analisar a trajetória de seis sujeitos: um do ciclo I (alfabetização), dois do ciclo II (3ª e 4ª séries), um de língua portuguesa, um de história e um de ciências.

Esses sujeitos têm idade entre 31 e 48 anos, dois do sexo masculino e quatro do sexo feminino, sendo que todos desempenham o ofício de formador de professores na rede escolar Sesi-SP. Todos têm graduação em pedagogia e os especialistas em licenciatura específica na área de conhecimento em que atuam.

Quanto ao tempo de exercício no magistério desses sujeitos: dois com sete a oito anos, três com 15 anos e um com 20 anos na carreira do magistério. No exercício de educador no Sesi-SP, o menor tempo é de seis anos e o maior, quinze anos. Três dos sujeitos trabalham na instituição há, aproximadamente, sete anos; dois há dez anos e um há 12 anos. Todos os sujeitos iniciaram a carreira no Sesi-SP como professores. Entre eles, apenas dois trabalharam nas escolas da rede escolar do Sesi-SP localizadas na capital de São Paulo, os demais, em unidades localizadas nas cidades do interior do estado.

As narrativas da autobiografia educativa inicial revelam que todos os sujeitos exerceram o cargo de professor em outras instituições antes de iniciarem trabalho na rede escolar do Sesi-SP.

Dos seis sujeitos, cinco foram somente professores na instituição Sesi-SP, não exercendo nenhum outro cargo na carreira do magistério, na fase anterior ao cargo de analista pedagógico. Apenas um deles exerceu a função de assistente de coordenação. É importante ressaltar que todos trabalharam na rede pública de ensino e, atualmente, apenas um deles continua trabalhando como professor na rede pública.

4.1 Identificando os analistas pedagógicos

- **Analista pedagógico AP1** – É formador de professores do Ciclo II (3ª e 4ª série) do ensino fundamental. É do sexo masculino, está no magistério há 15 anos e no Sesi-SP há sete anos. Tem 37 anos. Iniciou a vida profissional com estágio remunerado como eletricista de manutenção e, posteriormente, abandonou a empresa para entrar na carreira do magistério em uma escola de educação infantil particular. Trabalhou na educação de jovens e adultos em escola municipal e ingressou no Sesi-SP como professor de 3ª e 4ª séries; exerceu a função de assistente de coordenação em uma das escolas da rede escolar do Sesi-SP.
- **Analista pedagógico AP2** – É formadora de professores de ciclo II (3ª e 4ª séries) do ensino fundamental. Tem 48 anos de idade; na carreira do magistério está há 15 anos e no Sesi--SP há sete anos. O seu primeiro trabalho foi com pré-escola e, posteriormente, foi lecionar em uma escola para alunos de classe econômica alta. É licenciada em pedagogia. Foi coordenadora pedagógica em escola da rede pública. Iniciou o seu trabalho no Sesi-SP como alfabetizadora em uma escola com crianças muito carentes. Exerceu seu último cargo, antes de ser analista pedagógica, na educação de jovens e adultos, no Programa de Alfabetização Intensiva.
- **Analista pedagógico AP3** – Tem 39 anos, é do sexo feminino, é formadora de professores de língua portuguesa e língua inglesa do ensino fundamental. Iniciou sua carreira profissional como auxiliar de educação, em uma escola particular de inglês, com

apenas 15 anos. Está no magistério há 20 anos e no Sesi-SP há 12 anos. Foi professora efetiva na rede estadual, tendo se exonerado para assumir o cargo de analista pedagógico. Ingressou no Sesi-SP como professora de língua portuguesa e inglesa.

- **Analista pedagógico AP4** – É formadora dos professores de ciclo I (alfabetização) do ensino fundamental. Tem 31 anos, é do sexo feminino, está no magistério há sete anos e no Sesi--SP há seis anos. Iniciou a carreira em uma escola estadual, na qual, em período contrário ao do seu trabalho, observava como as professoras "mais experientes" lidavam com as situações do cotidiano escolar. Transfere-se mais tarde para outra escola estadual, como professora alfabetizadora. Ingressou no Sesi-SP como professora de 4ª série. Cursa pós-graduação na PUC, no Programa de Psicologia da Educação.
- **Analista pedagógico AP5** – É formadora de professores de História do ensino fundamental. Tem 32 anos, é do sexo feminino; está no magistério há dez anos e no Sesi-SP há seis anos. Iniciou a carreira no magistério na rede estadual para o curso supletivo. Fez faculdade de história e interrompeu por um período, porque tinha de cursar uma "dependência". Ingressou no Sesi-SP como auxiliar de docente (substituindo professores de 1ª a 4ª séries).
- **Analista pedagógico AP6** – É formador de professores de Ciências do ensino fundamental. Tem 31 anos, é do sexo masculino, está no magistério há oito anos e no Sesi-SP há sete anos. Fez licenciatura em ciências biológicas e, posteriormente, cursou pedagogia. Iniciou sua carreira como profissional da educação

por influência de alguns professores da época em que cursou o ensino fundamental e médio. Foi professor de ciências e de matemática em escola da rede estadual e municipal. Ingressou no SESI-SP como orientador de aprendizagem no Projeto Telecurso 2000. Continua como professor na rede municipal, no curso de Educação de Jovens e Adultos.

5. Etapas e processos de pesquisa

Esta pesquisa se realizou por meio de três etapas: uma etapa inicial que corresponde à fase que antecede ao Projeto *in loco*, a segunda que ocorre no percurso do projeto, e a terceira após o seu desenvolvimento. A elaboração dessas etapas ocorreu com base nos ensinamentos de Josso (1988). A descrição de cada etapa será acompanhada de algumas observações sobre sua implementação.

5.1. Primeira etapa – autobiografia educativa inicial

Corresponde a uma autobiografia educativa na qual os sujeitos mobilizam suas recordações, evocando seu percurso de vida, notadamente, de professor, em uma tentativa de responder aos questionamentos:
- Como me tornei o que sou?
- Como tenho as ideias que tenho?

Ainda no percurso dessa etapa inicial, os analistas pedagógicos elaboraram uma autobiografia educativa de 2001 até o momento que antecedeu a vivência do Projeto *in loco*. Em 2001, esses profissionais da educação assumiram o cargo de analistas pedagógicos na diretoria de Educação Básica do Sesi-SP, tendo como ofício específico ser formadores de professores. Nesta autobiografia, registraram os saberes que construíram nos diferentes momentos de formação no Sesi-SP, notadamente, na formação com a gerência de supervisão de ensino, com supervisores de área, com os consultores externos, com seus pares e com os professores, nos encontros de formação.

Para auxiliar uma reflexão sobre os dois períodos profissionais vividos – o antes e o depois de assumir o cargo de analista pedagógico –, foram sugeridos os seguintes questionamentos:
- Como me tornei o formador de professor que sou?
- Que teorias explicitam meus conceitos de hoje?

Além das questões acima, foi apontada a citação descrita, objetivando contribuir com a reflexão, e um questionamento complementar: "A especificidade da formação pedagógica, tanto inicial como a contínua, não é refletir sobre o que se vai fazer, nem sobre o que se deve fazer, mas sobre o que se faz" (Houssaye, 1995, p.28, apud Pimenta, 1999).
- Para ampliar a eterna construção do seu saber-fazer, o que você aponta como imprescindível para a sua autoformação?

Para a explicitação da realização desta etapa houve um encontro entre pesquisadora e sujeitos, no qual evidenciei a importância da implicação de cada um dos sujeitos nesta pesquisa, tanto no desenvolvimento das ações no Projeto *in loco* quanto nas produções das autobiografias educativas e dos registros dos relatórios. Ainda, clarifiquei o destino do material recolhido e assegurei o anonimato dos participantes, conforme exposto no pressuposto 5 de Moita (1995).[23] Nesse encontro, os analistas pedagógicos revelaram muita inquietação com os questionamentos propostos para elaboração da autobiografia educativa. Acredito que a razão da inquietação reside no fato de que aqueles questionamentos provocaram uma ação no sujeito de voltar para si próprio, reolhando para as próprias atitudes, crenças, concepções. Um reolhar que não se faz distanciado da subjetividade, porém nela está imbricado, podendo causar um desconforto de si. A partir desse contexto, foi necessário propiciar um espaço maior de discussão, sem a minha presença e, posteriormente, retornei ao grupo, que fez suas colocações, e fiz intervenções para clarificar a intencionalidade das questões. Percebi que as inquietações apenas diminuíram, porém, não cessaram.

Importante notar que, nesta primeira interação, iniciou-se um processo de reflexão, que serve de panorama a essa experiência, mobilizando os sujeitos desta pesquisa em uma possibilidade de autoformação, no qual o saber elaborado depende diretamente da implicação de cada um.

Esse processo de reflexão também ocorreu em mim, na medida em que passei a cuidar dessas inquietações e de organizar o meu modo de conduzir o projeto nas duas dimensões: pesquisadora e

---

[23] Esse pressuposto encontra-se à página 92 deste livro.

gerente, para que essas inquietações pudessem ter espaços para serem explicitadas e encaminhadas. Tal fato pode ser explicado por um dos pressupostos, o pressuposto 7,[24] de Moita (1995), quando afirma que as características da metodologia por meio da autobiografia possibilitam o caráter formativo de todos os implicados na pesquisa.

Sintetizando:

Primeira etapa: antecede ao Projeto *in loco*

Primeira etapa	Analistas pedagógicos
Passos	Elaboração de autobiografia educativa abordando o seguinte tópico: descrição da história de vida profissional. Nela, sugere-se que os sujeitos considerem a) contribuições que ampliaram os saberes da prática docente; b) percepção e pensamentos sobre a própria formação e sobre como aprende melhor; c) procedimentos práticos que julga relevantes para o processo de ensino e de aprendizagem do formando.

Quadro 2. Síntese: primeira etapa da pesquisa –
Passos para a autobiografia educativa inicial

---

[24] Esse pressuposto encontra-se à p. 93 deste livro.

5.2. Segunda etapa – relatórios

Consiste na reconstrução do percurso de formação durante a vivência dos processos no Projeto *in loco*, sob a forma de relatórios, nos quais os sujeitos desta pesquisa registraram as descrições de suas experiências selecionando e ordenando suas recordações em um "continuum" cronológico dos diversos momentos vividos: com o professor, na análise do seu plano de trabalho docente; com os alunos, no desenvolvimento das atividades; e com o meio social e cultural em que se desenrolou este percurso. Os registros desses relatórios têm por finalidade, nesta pesquisa, subsidiar a elaboração da narrativa da autobiografia educativa final, após o término da experiência com o referido projeto; constituem materiais escritos que permitem aos sujeitos refletirem sobre seus próprios processos de formação, favorecem a compreensão do percurso vivido nessa experiência e a sinalização de possíveis mudanças, expostas na sua história por meio dos caminhos narrativos.

É um procedimento que possibilita revelar o processo de apropriação individual, realizado em uma permanente interação e confrontação com alunos, professores e o meio em que se estabeleceram as relações, na experiência.

Sintetizando:

- Segunda etapa: durante o desenvolvimento do Projeto *in loco*

Etapa que ocorre durante o desenvolvimento do Projeto *in loco*	Analistas pedagógicos
Passos	Registros da descrição de suas práticas no cotidiano da sala de aula, seus sentimentos, suas dificuldades, seus êxitos, suas aprendizagens. Esses registros têm por objetivo subsidiar os relatórios finais, que serão elaborados pelos analistas, após o desenvolvimento do projeto.

Quadro 3. Síntese: segunda etapa da pesquisa – Passos para os relatóriosdos registros das atividades desenvolvidas

Dessa forma, a primeira e a segunda etapa foram pensadas como experiências a serem vividas a priori, para que os sujeitos tivessem a possibilidade de exercitar um trabalho reflexivo sobre o que se passou nessas experiências (antes e durante o desenvolvimento do projeto), quanto ao que foi observado, percebido e sentido.

5.3 Terceira etapa – autobiografia educativa final

Constitui um campo de reflexão sobre a dinâmica do percurso vivido, com o objetivo de que os sujeitos narrassem a compreensão da trajetória nos diferentes momentos do Projeto *in loco*, a compreensão de possíveis saberes apropriados e dos processos da experiência, a compreensão dos outros e de si próprio, a compreensão das vivências pessoais e dos contextos institucionais e, ao mesmo tempo, expressarem os impactos dessa vivência no contexto no qual desenvolveram as próprias atividades, com alunos e professores, em uma tentativa de esboçar a descoberta da própria singularidade dos percursos de formação.

Para Dominicé (1988c),

Não há nenhuma maneira ideal de se conduzir a abordagem biográfica em educação. A construção de biografias educativas confronta-se com limites, tanto na sua elaboração, como nos resultados aos quais conduz.

Assim, para clarificar a construção da autobiografia nesta etapa, foi solicitado aos sujeitos a leitura do texto "Formar-se em uma sabedoria de vida"[25] e, posteriormente, discutiu-se em grupo os sentidos que cada um construiu com essa leitura, notadamente, sobre a assertiva: "[...] a sabedoria deixa de se apresentar como utopia, mas como a exigência de toda e qualquer existencialidade". Nesse encontro, partilhamos dúvidas, saberes, sentimentos de solidariedade e de colaboração [Pressuposto 6 de Moita (1995)].[26]

A partir de outra contribuição de Josso (2004), enfatizamos uma das dimensões da abordagem biográfica, que consiste na elaboração de "um autorretrato dinâmico" das diversas identidades, das representações e das projeções, compreendendo os aspectos explicitados, bem como os invisíveis ou os não explicitados. Nessa etapa, os sujeitos foram mobilizados a contemplar em suas narrativas as seguintes questões:

---

[25] Josso, Experiência de vida e formação, 2004.
[26] Esse pressuposto encontra-se à p. 93 deste livro.

A que você compararia a sua vivência no Projeto *in loco*?
- Foi-lhe concedido o poder de retornar ao passado. Descreva uma experiência no percurso do Projeto *in loco* que gostaria de reviver para começar de novo.
- Meus estranhamentos vividos na trajetória do Projeto *in loco*...
- Meus deslumbramentos vividos...

A produção da autobiografia educativa final (terceira etapa) foi ancorada nos materiais escritos das etapas anteriores, objetivando, após vivência do Projeto *in loco*, desvelar as informações úteis à transação que experienciaram com eles mesmos, com os alunos, com professores e o próprio ambiente de confrontação do cotidiano escolar. (Josso, 2004).

Sintetizando:
- Terceira Etapa: após desenvolvimento do Projeto *in loco*

Terceira etapa	Analistas pedagógicos
Passos	Com base nos registros efetuados durante a realização do Projeto *in loco*, os analistas pedagógicos apresentaram uma autobiografia final, em uma tentativa de desvelar, no mínimo, duas questões: – Os saberes/conhecimentos produzidos na experiência prática vivenciada no dia-a-dia da sala de aula, do ensino fundamental; – Apontamentos (se existirem) para modificar suas práticas de ação formativa para professores da rede escolar Sesi-SP.

Quadro 4. Síntese: terceira etapa da pesquisa – Passos para a autobiografia educativa final

A três etapas desta pesquisa estão interligadas, pois a primeira etapa – autobiografia educativa inicial – provoca a recordação; a segunda etapa – relatórios dos registros das atividades desenvolvidas no Projeto *in loco* – pressupõe a compreensão das suas ações, dos processos, das vivências, compreensão dos outros e de si próprio e compreensão do contexto; a terceira etapa – autobiografia educativa final – é o momento em que cada um dos sujeitos, ancorados nas leituras das produções das etapas anteriores, reflete sobre o seu próprio percurso vivido na experiência do Projeto *in loco*, na tentativa de desvelar o invisível, o não explicitado.

Essas etapas e passos baseiam-se nos textos de Christine Josso (1988 e 2004), que indicam a "biografia educativa" como um dos instrumentos que permite a compreensão dos processos formativos do ponto de vista do formando. A "biografia educativa" possibilita o diálogo entre o individual e o sociocultural, estimulando uma reflexão sobre as interações que acontecem no percurso profissional.

Os analistas pedagógicos, ao dizerem de si para si próprios sobre o desenrolar dos seus processos vividos, como autores de suas linguagens, têm a oportunidade de perceber o sentido que atribuem à própria vida, a si mesmos e à profissão, ao outro, ao seu ambiente de trabalho e à ambiência[27] da escola.

Ao descrever os períodos vividos e descritos pelos próprios sujeitos, normalmente, estes se defrontam com situações de conflitos, de dúvidas, de mudanças. Assim, na releitura das suas vivências descritas, tanto na primeira como na segunda etapa e na tomada de distâncias de si mesmos, pode ocorrer uma abertura de possibilidade da apropriação do poder da autoformação, pois permite ao sujeito comunicar a si próprio suas incertezas, dificuldades, necessidades e limites. Em outras palavras, pode facultar a compreensão do que pensa o sujeito sobre a sua própria formação e do modo como ele se forma.

Entendo que a possível compreensão desse processo de autoformação reside na singularidade de cada sujeito, à medida que legitima sua subjetividade na construção de sentidos gerados pela vivência da sua atividade e que, ao narrar essa vivência, reapropria-se do

---

[27] Ambiência entendia como "um espaço arquitetonicamente organizado e animado que constitui um meio físico e, ao mesmo tempo, meio estético, ou psicológico, especialmente preparado para o exercício de atividades humanas." (Novo Dicionário Aurélio – Século XXI).

julgamento do seu próprio fazer, gerando, assim, outros sentidos; o sentido constituído a partir do confronto entre as significações sociais e a vivência pessoal e, de uma subjetividade que é histórica, pois constrói-se ao longo da vida do sujeito (Aguiar, 2002).

Ao revelarem suas dificuldades e necessidades, suas dúvidas e seus limites nas relações que se estabelecem no cotidiano escolar e na compreensão do ser, do saber e do saber-fazer, os formadores de formadores, provavelmente, têm a possibilidade da construção de outros saberes, em uma relação teórico-prática, "no chão da sala de aula".

Dessa forma, essa investigação também tem possibilidades de constituir-se em uma ação autoformadora, na qual o analista pedagógico pode agir sobre si mesmo, como consequência do seu processo de formação, permitindo, ainda, apropriar-se do seu poder de formação, a partir de papéis que assume durante esse processo.

Desse modo, em cada uma das etapas buscou-se identificar se ocorreu ou não uma produção de saberes/conhecimentos, bem como eventuais mudanças, por meio de uma experiência prática de formação docente que envolve um fazer compartilhado no dia a dia da sala de aula do ensino fundamental.

Considerando que na presente investigação o formador é, ao mesmo tempo, formando, a autobiografia educativa constitui um instrumento, por meio do qual os sujeitos têm a possibilidade de refletir sobre as próprias trajetórias de formador e de formando, de evidenciarem a forma como mobilizam os saberes, valores, e experiências, dar visibilidade à forma como acessam o modo de se formarem, em um contexto de ação e de auto-observação.

As etapas e os passos foram pensados em razão da análise das informações porque penso ser possível realizar comparações entre os diversos discursos dos sujeitos, isto é, comparar a primeira com a última biografia para perceber eventuais semelhanças ou diferenças, comparar as narrativas quanto à formação explicitada antes e depois da experiência vivida no Projeto *in loco* em busca das produções de sentidos pelos analistas pedagógicos. É a busca das explicações da subjetividade dos sujeitos, das apropriações que os indivíduos realizam, das relações vividas no paradoxo epistemológico das autobiografias, do mais pessoal com o mais universal (Ferrarotti, 1988).

Vale ressaltar aqui que na autobiografia educativa inicial, na qual o sujeito relata sua vida profissional em dois momentos – antes e após assumir o cargo de analista pedagógico – empreendi uma busca do sentido que eles atribuem à própria aprendizagem e à aprendizagem do formando (professor e aluno), seus sentimentos e o que eles revelam referente à reapropriação de seus saberes.

Nos registros dos relatórios, que dizem respeito ao vivido durante a execução do Projeto *in loco*, identifiquei descobertas apontadas pelos sujeitos em relação ao seu próprio fazer de formador e em relação ao fazer do professor e do aluno; seus sentimentos, suas reflexões resultantes da experiência do trabalho com alunos e professores.

No que diz respeito à autobiografia educativa final, busquei localizar os autores das narrativas em relação aos sentidos por eles desvelados, assim como a evolução dos pontos de vista desses sujeitos quanto a indicações de mudanças para as próximas ações formativas com professores.

Além disso, ao final, procurei extrair regularidades do conjunto das narrativas dos analistas pedagógicos para a realização da matriz de análise, com destaques das experiências na formação de professores.

Não perdi de vista, no entanto, o insólito, o inesperado, que também me auxilia na compreensão dos analistas pedagógicos e dos processos formativos vividos.

6. Passos percorridos na análise dos dados

A análise integra todos os dados coletados nas diferentes etapas registradas no capítulo da metodologia. Desta forma, as narrativas da autobiografia educativa inicial, as produções dos relatórios e os textos da autobiografia educativa final constituíram a fonte na qual as diferentes categorias foram "beber".

No percurso de exame do material recolhido, optei pela metodologia da análise de conteúdo das mensagens porque seu ponto de partida é a mensagem. Nesse caso, a mensagem foi narrada em três instrumentos: autobiografia educativa inicial, relatórios contendo os registros do desenvolvimento das atividades do Projeto *in loco* e autobiografia final.

A análise de conteúdo é definida como um conjunto de técnicas de exploração de dados, de análise das comunicações (Bardin, 1977, p.31). Com base nessa definição, procurei, em um primeiro momento, identificar os principais temas abordados nas narrativas dos sujeitos desta pesquisa, em um movimento de idas e retornos entre as narrativas e as minhas próprias anotações, até que começou a emergir o esboço das primeiras unidades de contexto, entendidas, como explicita Bardin (1977), como unidades de delimitação das mensagens que permitem "compreender a significação dos itens obtidos, repondo-os no seu contexto". Ressalto que, neste processo, para melhor compreensão das mensagens, levei em conta os espaços, as situações específicas, as interações pessoal e institucional, enfim, os contextos dos quais originaram as mensagens dos formadores de professores. Neste caminhar, com fundamento no conteúdo manifesto e explícito e também, com base no conteúdo "invisível" dos comunicados e suas entrelinhas, iniciei uma busca do sentido que os sujeitos atribuíram às suas mensagens, registradas em suas narrativas.

A análise dos dados autobiográficos dos sujeitos desta pesquisa percorreu inúmeros caminhos para, posteriormente, ser sintetizada em duas fases: preliminar e final, descritas adiante, permitindo compreender melhor a procura das mensagens exaradas pelos formadores.

6.1. Fase preliminar da análise dos dados coletados

A primeira etapa desta fase constituiu-se em uma pré-análise da autobiografia educativa inicial, do relatório e da autobiografia educativa final dos sujeitos, por meio de uma *leitura flutuante*,[28] pressupondo o estabelecimento de relações com os documentos. Tratou-se de uma leitura inicial genérica com intenção de um "mergulhar" no global das mensagens para evitar um procedimento descontextualizado.

Durante a leitura, deixei-me impregnar por expectativas, emoções, sensações e representações dos comunicados contidos nesses textos para chegar a descobrir os sentidos dos comunicados expressos.

Por outro lado, não significou uma intenção de "analisar tudo", mas de analisar sob certa perspectiva, do olhar que procura possíveis respostas ao problema da pesquisa, ou seja, buscar possíveis contributos na autoformação do formador de formadores, em uma relação teórico-prática, no contexto de uma vivência em sala de aula.

A segunda etapa dessa fase ocorreu por meio de uma leitura de identificação de temas e situações, nas quais surgiam revelações dos sujeitos nas dimensões pessoais, práticas e profissionais e, finalmente, uma terceira etapa, a busca de relações entre as mensagens. Esse trabalho gerou uma matriz de análise construída nessa fase preliminar.

---

[28] O termo "leitura flutuante" é indicado como a primeira atividade de análise. (Bardin, *Análise de conteúdo*, 1977, p. :96).

1. Por que ser professor (pessoa do formador):	1.1. Motivos da opção pela profissão. 1.2. Período da vida que optou pelo magistério. 1.3. Influências que tiveram na escolha da profissão. 1.4. Declara orgulho da escolha.
2. Trajetória inicial (profissão de professor):	2.1. Falta de conhecimento teórico ou prático. 2.2. Condições gerais das escolas. 2.3. Relato de sentimentos (angústia, dúvida, medo, alegria, prazer). 2.4. Metodologia de ensino.
3. Trajetória após 2001- (profissão do formador):	3.1. Ausência de conhecimentos teóricos ou práticos. 3.2. Condições gerais da instituição. 3.3. Relata sentimentos (angústia, medos, ansiedade, alegria, prazer). 3.4. Metodologia de formação.
4. Hipóteses de aprendizagem (pessoa do formador):	4.1. Hipótese sobre suas próprias aprendizagens. 4.2. Hipóteses sobre aprendizagens dos alunos. 4.3. Hipóteses de aprendizagem dos professores.
5. Análise de seu desempenho (práticas dos formadores):	5.1. Utiliza-se de fundamentos teóricos. 5.2. Utiliza-se de argumentos afetivos. 5.3. Recursos que emprega. 5.4. Possibilidades de mudança.

6. Apreensão de um saber ser (pessoa do formador):	6.1. Aponta novas aprendizagens atitudinais. 6.2. Identifica necessidades de relações afetivas. 6.3. Identifica dificuldades de relacionamento. 6.4. Aponta recordações de si para si mesmo. 6.5. Toma consciência das reorganizações que realizou na vivência do Projeto *in loco*
7. Apreensão de um saber-fazer. (profissão de formador):	7.1. Identifica apropriação de novas competências para planejar e executar ações formativas. 7.2. Confronta experiências vividas no cotidiano escolar com proposições das ações formativas. 7.3. Identifica partilha de saberes com os professores. 7.4. Identifica novos recursos (teórico-prático, tecnológico) como prováveis instrumentos a serem utilizados nos processos formativos.

8. Desvelando vivências (pessoa/profissão/prática de formador).	8.1. Extrai ambiguidades das suas ações formativas decorrentes do vivido no cotidiano escolar. 8.2. Revela seus processos de autoformação. 8.3. Revela seus equívocos na experiência do Projeto *in loco*. 8.4. Desvela o que "carregará" na bagagem para as próximas formações.

Quadro 5. Matriz de análise

Essa matriz de análise foi construída na base interacionista por entender que o sujeito é afetado por diversas interações: suas ações com professores, com alunos, com a pesquisadora e, também, com o meio social, político e histórico onde se desenrolam e se estabelecem relações. Coloquei-me nesta interação porque entendo, como Aguiar (2002), o homem como composição de múltiplas determinações; assim, os sujeitos da investigação estão submetidos a múltiplas determinações, e eu, pesquisadora, sou mais uma delas. Desse modo, meu trabalho não é separar o fato a ser analisado, buscá-lo em estado puro, mas é apreendê--lo em seu contexto, no movimento de constituição. De modo análogo a Moita (1995), o que procuro nesta pesquisa é um saber compreensivo de uma possibilidade de autoformação de formadores, razão pela qual, nessa fase preliminar, a matriz é derivada dos depoimentos dos analistas pedagógicos referentes a pessoa, profissão e prática de formador, e, dessa forma, coerente com o objeto de pesquisa (Pressupostos 1 e 3).[29]

---

[29] Os pressupostos de Moita (1995) encontram-se descritos à página 92 deste livro.

Ainda no percurso, deve ser mencionada a escolha dos documentos. Iniciou-se com o recolhimento dos dados, gradativamente, obedecendo à finalização de cada um dos passos anunciados no capítulo da metodologia deste trabalho. Dessa forma, após a primeira etapa, com fulcro no objetivo da investigação: identificar possíveis saberes que os analistas pedagógicos podem construir na interação com os atores e o meio social do cotidiano escolar, perspectivando a autoformação; decidi por seis das dez autobiografias educativas iniciais, produzidas pelos sujeitos da pesquisa.

Embora tenha realizado a análise das narrativas dos dez sujeitos, em razão do volume dos dados, não havia possibilidade da apresentação de todos, então decidi, em comum acordo com a orientadora, pela apresentação dos dados de seis sujeitos. Essa decisão é derivada da percepção de que o material colhido dos seis sujeitos selecionados representa a realidade e a diversidade vivida no Projeto *in loco*, pois como explicita Ferrarotti (1988, p.25):

> Não é só a riqueza objetiva do material biográfico primário que nos interessa, mas também e sobretudo a sua pregnância subjetiva no quadro de uma comunicação interpessoal complexa entre narrador e observador.

Decidido o número dos sujeitos, os documentos foram organizados tendo como critério produções de diferentes áreas de conhecimento do ensino fundamental, na diversidade de conteúdo, porém, com homogeneidade de objetivos, visando garantir maior relevância, maior significado e maior consistência na configuração do contexto e das condições sociais, políticas e históricas presentes nas mensagens emitidas.

Como alerta Dominicé (1988c), a biografia educativa não se constitui em um instrumento de investigação generalizável a uma pluralidade de situações, porém, depende do objeto de investigação e de um contexto educativo favorável.

Continuando a caminhar, com base nos ensinamentos de Bardin (1977, p.47), levantei uma hipótese[30] *a priori*: a vivência do Projeto *in loco* possibilita pensar novos processos de práticas formativas para os docentes.

Essa hipótese arrastou com ela uma grande dúvida: se a vivência das próprias atividades, em um contexto de sala de aula, contribui com a autoformação em alguns aspectos, quais serão esses aspectos? Será que provocará mudanças nas práticas formativas desses sujeitos?

Esclareço que, ao formular a hipótese, em um primeiro momento, não pensei em submetê-la a uma verificação direta ou de imediato, visto que não procuro uma relação entre variáveis. No entanto, a elaboração da citada hipótese contribuiu para pensar os eixos temáticos da pesquisa, para delimitar o campo de investigação, conforme pressuposto metodológico 2^{31} (Moita, 1995).

Por outro lado, a despeito de, inicialmente, essa hipótese não ser objeto de verificação, no decorrer da análise, os dados foram tão evidentes, surgiram tão mais fortes, que a dúvida imbricada

---

[30] Tal hipótese não está, necessariamente, sujeita à verificação, uma vez que a intenção é compreender melhor as ações dos sujeitos dessa pesquisa.
[31] Tal pressuposto encontra-se à p. 92 deste trabalho.

na hipótese, ou seja, a questão da mudança de repente tornou-se um dos eixos da pesquisa.

Durante a análise das autobiografias e dos relatórios, na busca dos eixos que permeiam as narrativas, ancorei-me no alerta de Franco (2003 p.49):

> Da mesma forma do que ocorre com o conteúdo latente, podem existir temas não explicitamente mencionados, mas subjacentes às mensagens, passíveis de observação por parte do investigador e cuja frequência de ocorrência passa a ser, também, um elemento indispensável para que se possa efetuar uma análise mais consistente e uma interpretação mais significativa.

Esse alerta me auxiliou na elaboração da matriz de análise com o intuito de dar mais visibilidade e objetividade à "voz" das mensagens exaradas nas narrativas produzidas, na busca de significados e sentidos revelados ou "ocultos" por parte desses sujeitos.

Essa matriz de análise foi, ainda, fruto de um longo processo de idas e vindas das teorias (Dominicé, 1988; Nóvoa, 1995,1988; Moita, 1995; Josso, 1988, 1999, 2004 e outros já citados) às narrativas produzidas pelos sujeitos e, destas, à teoria. Nesse percurso, houve muitas tentativas de elaboração e reelaboração, correndo na busca de uma compreensão mais aprofundada dos processos de autoformação.

6.2. Fase final da análise dos dados coletados

Reafirmo que a análise do conteúdo das autobiografias educativas e dos relatórios é consequência do estudo, do exame das diferentes narrativas de cada sujeito, buscando, em um primeiro momento, a singularidade (pressuposto 4, Moita, 1995).[32] Como Aguiar (2002, p.134) acredito que, nas falas dos sujeitos nesta pesquisa, as narrativas não são simplesmente narrativas, mas são construções; revelam uma construção dos sujeitos.

Em um segundo momento, procurei o inesperado e o insólito, que contribuíram para compreensão dos processos vividos pelos sujeitos neste estudo. Assim, nesta análise, busquei apreender os sentidos expressos pelos analistas pedagógicos, visando entender melhor os elementos de intervenção na experiência do Projeto *in loco*, na construção e no funcionamento dos processos vivenciados por esses sujeitos por meio das suas concepções de aprendizagem, de seus sentimentos33, dos saberes desvelados e das sinalizações de propostas de mudanças para as ações formativas de professores.

Nesse enfoque, optei por sintetizar aquela matriz de análise em cinco grandes eixos: 1) concepção da aprendizagem de si próprio e do formando; 2) sentimentos desvelados quanto à representação de formador; 3) saberes produzidos e sentidos revelados em relação

---

[32] Esse pressuposto encontra-se descrito à página 92 deste livro.
[33] Sentimento no sentido de manifestações do ato ou efeito de sentir.

à sua ação, ao Projeto *in loco*, ao professor, ao aluno e à ambiência; 4) sinalização de mudanças: o que os analistas pedagógicos levarão para os encontros de formação; 5) metáforas do vivido em sala de aula. Eixos que carregam os aspectos do problema pesquisado, objetivando explicitá-lo na totalidade, porém, sem a pretensão de esgotar todos os sentidos trazidos pelos sujeitos.

Os eixos não englobam todo o "corpus" da narrativa porque me limitei a buscar possíveis respostas ao problema, ou seja, identificar saberes produzidos pelos analistas pedagógicos, representações dos seus processos formativos e possíveis indicações de mudanças a serem introduzidas nos encontros de formação com os professores da rede escolar Sesi-SP.

Neste caminhar, os eixos foram sintetizados a partir das categorias e das subcategorias explicitadas na matriz de análise, que não são partes dissociáveis de um todo, porém, compreendidas nesse "corpus" (Fontoura, 1995). Importante clarificar também que os eixos não foram definidos pela frequência, mas com base nas representações, nos sentimentos, nas intenções de mudanças expressas pelos sujeitos.

V. Os dados coletados e sua análise

> O processo de produção de sentidos, é importante frisar, pode conter elementos contraditórios, gerando assim sentidos subjetivos contraditórios, que incluem emoções e afetos como prazer e desprazer, gostar e não gostar, por exemplo.
> (Aguiar, 2002, p.105)

1. Clarificando intenções

O presente trabalho se propõe, como explicitado na introdução, localizar o problema,[34] investigar uma possibilidade de autoformação de formador de formadores por meio da vivência das atividades dos sujeitos, realizadas com professores e alunos, em um contexto real de sala de aula, perspectivando identificar possíveis saberes que contribuam com o ofício de formador de formadores, na medida em que aprecia criticamente o seu fazer de formador.

Nesse sentido, o tema é a autoformação dos analistas pedagógicos (sujeitos desta pesquisa). Utilizei a experiência do Projeto *in loco*,[35] por entender que vivenciar a dinâmica da sala de aula pode constituir-se em possibilidade de mergulhar mais fundo na complexidade da prática docente, de forma a transformar as ações formadoras em espaços de aprendizagem.

---

[34] Vide página 17.
[35] Vide página 61.

Assim, neste capítulo, apresento a análise dos dados extraídos das diversas narrativas dos sujeitos, análise esta que se encontra organizada nos seguintes eixos:
- concepção da aprendizagem de si próprio e do formando;
- sentimentos desvelados quanto à representação de formador;
- saberes produzidos e sentidos revelados em relação à sua ação, ao Projeto *in loco*, ao professor, ao aluno e à ambiência;
- sinalização de mudanças: o que os analistas pedagógicos levarão para os encontros de formação;
- metáforas do vivido em sala de aula.

Em cada um desses eixos, a autoformação está sendo olhada do ponto de vista do que os sujeitos revelam de suas aprendizagens, saberes, sentimentos, reações, descobertas, estranhamentos, deslumbramentos, em seus relatos e autobiografias, e de autoavaliações que realizam dos seus saberes e das suas concepções. Todos esses saberes, concepções, sentimentos, entre outros são, a meu ver, elementos constitutivos da autoformação.

O estudo dessas ideias perpassou, inicialmente, por todas as narrativas de cada sujeito, individualmente, porque o percurso é único na singularidade da vida do sujeito (Moita, 1995, Pressuposto 4)[36]. O propósito era fazer uma análise de cada um dos sujeitos da investigação. No entanto, à medida que as análises individuais foram realizadas, um conjunto de regularidades foi percebido. Esses sujeitos apresentam semelhanças de representações, de sentimentos, de preocupações, de concepção de aprendizagem etc.

---

[36] Vide página 92.

Entendo que essa percepção encontra explicação em Huberman (1995), quando declara que, nos dois ou três primeiros anos de ensino, a tomada de contato inicial com as circunstâncias da sala de aula apresenta algumas constantes e conduz ao aparecimento de semelhanças por parte dos sujeitos que escolhem a profissão de professor.

O mesmo acontece com os analistas pedagógicos, ou seja, o fato de partilharem anseios comuns, desde o ingresso no cargo de analista pedagógico, de vivenciarem um conjunto de ações formativas coletivamente, após aprovação no concurso interno da rede Sesi-SP, de compartilharem dos mesmos anseios e expectativas diante do exercício de um novo cargo e estarem todos na mesma fase, isto é, de terem iniciado o mesmo ofício, na mesma data, explica o conjunto de regularidades percebidas na análise das narrativas. Essa fase, Huberman (1995) a designa de "a entrada na carreira".

Infiro também que para os analistas pedagógicos, começar uma nova tarefa é quase como iniciar uma nova carreira, isto é, iniciar-se no cargo de analista pedagógico é quase se apresentar como neófito, porém, à medida que vai desenvolvendo seu ofício, vai voltando à função de professor, mas agora com outro significado. A aprendizagem de ser analista pedagógico é muito mais rápida, na medida em que o sujeito encontra, nesta nova profissão, tantos componentes da anterior, que era ser professor. Por outro lado, esclareço que este aspecto não é objeto de análise desse estudo.

Considerando que é da análise das narrativas que, na interpretação dos dados, emergem regularidades, estas são explicitadas à medida que vão se articulando aos diferentes eixos.

Anuncio que na análise e interpretação dos conteúdos, segundo os eixos considerados, representativos das similaridades encontradas, há, em alguns momentos, destaque das características que aparecem em um só sujeito, dado que estas podem ser esclarecedores dos processos desse sujeito e do conjunto deles, mesmo que tenha sido realçado só por um deles.

Eixo I. Concepção da aprendizagem de si e do formando

Neste primeiro eixo, a análise foi elaborada da perspectiva de vários instrumentos: autobiografia inicial, no período que antecede ao ano de 2001, no qual os sujeitos narram a sua trajetória educativa na profissão de professor, e o período após 2001, cujas narrativas se referem à profissão de analista pedagógico, ou seja, formador de formadores; relatos da vivência durante a experiência no Projeto *in loco* e, por último, as autobiografias educativas finais, que trazem as declarações desses sujeitos após viverem suas próprias atividades, com alunos e professores, em um contexto real da escola.

Dessa forma, o presente eixo carrega o maior volume de análises e descrições de fragmentos narrativos, diferentemente dos demais eixos, como será explicitado por ocasião da apresentação da análise de cada um.

Ressalto que esse eixo foi balizado pelo entendimento da aprendizagem como uma ação inacabada, complexa, que ocorre das mais variadas formas, por processos de integração dos novos saberes aos saberes já existentes, integrando, também, novas experiências, sempre sob o ponto de vista do sujeito, das suas representações de como aprende e de como entende que o formando com quem trabalha aprende.

A compreensão das aprendizagens de si e do formando, do que o sujeito compreende como sendo sua profissão, seja no momento--professor, seja no momento-analista pedagógico, ganha ênfase quando esses aspectos são analisados nas suas narrativas iniciais e finais.

Os analistas pedagógicos, em suas narrativas, na autobiografia inicial, da perspectiva de seu trabalho docente, ou seja, quando ainda professores, mostram que a concepção de aprendizagem está estritamente relacionada à interação, seja com os pares ou com outros sujeitos ou por meio de cursos. Nota-se, também, um destaque para aprendizagem quando o sujeito é polo ativo neste processo, quando ele está fazendo algo.

Para melhor compreensão, apresento recortes narrativos dos dois momentos vividos por esses sujeitos:

Momento professor

"O que **aprendia era com a troca** de experiências com minhas colegas de sala e de trabalho".

"Fazendo um retorno antes de ser analista, meu percurso de formação foi razoável. Como orientador de aprendizagem no

Sesi/SP, participava das orientações técnicas, mas não ajudavam muito na prática; me lembro que **quando o formador tinha o contato direto [...] com o orientador, era mais significativo e havia orientações, aprendizagem e confiança.**"

"Continuei minha trajetória profissional em outra escola estadual (a mesma que havia cursado o ensino fundamental), e embora continuasse com 'classes difíceis', agora possuía um respaldo maior, pois a escola contava com uma oficina pedagógica e com orientadores que me ajudaram muito."

"[...] Quando tinha aulas com executivos, a responsabilidade era maior ainda e eu tinha a oportunidade de aprender mais com eles."

"Participei de cursos que abordavam a língua de forma diferenciada e voltava para a escola totalmente mobilizado a colocar em prática o tema do encontro em minhas aulas."

"[...] Sempre procurei cursos pequenos que atendessem minhas necessidades e o curso de pedagogia foi o que gostei muito. [...] O que mais me ajudou a aprender no meu percurso profissional foi quando decidi fazer pedagogia, era o que eu estava precisando para compreender como uma criança aprende e perceber os meus erros como professor e corrigi-los através da reflexão da minha prática e compreender que estamos lidando com um ser humano que tem seu ritmo para aprender."

"Era pelos estágios que conseguia dar sentido a tudo o que aprendia na teoria [...]"

"Lembro-me de ter feito um curso, em setembro, e, para espanto meu, todos os prés (já naquela época) alfabetizavam [...] E os meus alunos? Alfabetizei-os [...] (será?). Após esse ano de muito aprendizado, fui, enfim, para a escola onde me formara e, com o auxílio da coordenação pedagógica e das demais professoras, fui me transformando em uma educadora."

"Reportando-me às minhas formas de aprender, sempre aprendi bem quando prestava atenção por meio da escuta e visualização, mas não descartava as anotações, que muitas vezes não as utilizava muito. Mas me lembro de alguns modelos que facilitavam minha compreensão e aprendizagem. Era quando eu era o sujeito da ação realizando um trabalho prático voltado à minha realidade. Isto sempre facilitou minha aprendizagem." (grifos meus)

Nesse momento professor, os sujeitos da pesquisa apontam diversos fatores que são constituintes de suas aprendizagens: a troca de experiências com seus pares, as relações com o formador, as relações com orientadores de oficinas pedagógicas, a participação em cursos e quando ele é sujeito da própria ação, incluídos a escuta, a visualização e os registros. Assim, é possível observar que para esses sujeitos, a aprendizagem ocorre por meio de relações que desencadeiam um processo de formação mediado por uma pluralidade de interações.

Momento analista pedagógico

Em análise das narrativas após o ano de 2001, isto é, o período em que os sujeitos deixam de ser professores em sala de aula para assumirem o cargo de analista pedagógico, notei que estes não negam a concepção de aprendizagem explicitada no momento professor, porém percebe-se uma ampliação dessa concepção:

"Como analista, aprendi coisas muito importantes e que me tornaram uma pessoa mais reflexiva e criativa, pois para ser formador é necessário pensar e criar novas práticas de ensino [...]"

"[...] Aprendemos a todo o momento e com todas as pessoas que estão ao nosso redor. Tanto em palavras como em atitudes e ações. Há pessoas que são referenciais por sua própria postura, outras possuem conhecimentos e experiências úteis para nosso aprendizado. De qualquer maneira, o ato de aprender é eterno."

"Outro aspecto relevante para meu aprendizado foi a interação com as propostas de formação de meus colegas de outras áreas."

"As reuniões com gerente e supervisoras é sempre um desafio e aprendemos principalmente por ser um espaço para discussões, orientações e encaminhamentos".

"[...] Quero registrar que aprendo com o outro [...] Qualquer que seja esse outro: uma pessoa, um livro, um registro, mas é sempre melhor na interação, pois assim posso construir melhor os significados."

"Interessantes são as diferentes maneiras de tornar o aprender significativo. Eu, por exemplo, sou um aprendiz visual. Para entender algum conteúdo, preciso visualizar tanto a escrita quanto figuras ou outros recursos visuais; não basta ouvir".

"Tenho clareza de que aprendo mais facilmente quando tenho um objetivo bem-definido, quando me dedico à leitura, quando converso com colegas sobre aquilo que estou estudando e, principalmente, quando faço anotações sobre minhas leituras (isso para mim é fundamental!)".

"Meu aprendizado se dá desta forma também [...] Não posso partir do nada, tenho que estabelecer relações tenho que ter referência para aprender o novo. Se não, ele fica tão novo que se torna um total desconhecido".

"Percebi que aprendo quando leio, discuto com pessoas que me problematizem, que coloquem em dúvida o que falo ou penso quando preciso argumentar, pois isso me obriga a organizar o pensamento e mobilizar tudo o que sei a respeito de determinado assunto".

"A convivência com um grupo tão grande só tem contribuído para eu aprender [..] Acho que isso é interação." (grifos meus)

Esses registros expressam que outros sentidos foram integrados à concepção de aprendizagem desses sujeitos, quando relatam suas aprendizagens no momento analista pedagógico; parece ter ocorrido uma ampliação da compreensão dos fatores que contribuem e afetam a aprendizagem.

De acordo com essa perspectiva, destaco aspectos que sintetizam a concepção de aprendizagem dos sujeitos, no momento analista pedagógico: a reflexão e criatividade, como elementos necessários para pensar práticas de ensino; que a aprendizagem é processo contínuo; aprende-se em projetos de formação que promovem discussão, orientação e encaminhamentos; aprendizagem por meio da problematização, de experiências que provoquem a argumentação, aprendizagem quando há uma intencionalidade, esforço individual. Alguns deles revelam também que um fator importante para a aprendizagem é o estabelecimento de relações com aquilo que se conhece.

Nessa perspectiva, um dos sujeitos é enfático ao declarar que a ausência de relações torna o novo "um total desconhecido", apontando, assim, a necessidade de investigar os saberes já apropriados com o fim de buscar estabelecer relações entre estes e os outros que se quer aprender.

Alguns registros confirmam a concepção de aprendizagem declarada no momento professor: para aprender é necessário ir além do ouvir; é preciso visualizar, registrar, fazer anotações das leituras.

A interação, novamente, aparece como elemento marcante nesta concepção, porém, de forma mais explícita: a aprendizagem se faz com o outro pelo ensino e pelo exemplo; interação com o objeto de conhecimento e com aqueles com quem convive. Dado o caráter de evidência nas ações interativas, realço os seguintes dizeres de um analista pedagógico:

> "No papel de formadora de formadores, procuro sempre me colocar na condição de quem se desloca até mim disposto a falar de seu trabalho, de suas dúvidas, além de vir em busca de esclarecimentos, respostas e apoio". Faço o melhor que posso para tentar deixar as pessoas à vontade para se colocarem, procuro possibilitar um diálogo aberto [...]"(grifos meus)

A reflexão desse analista pedagógico sobre o seu papel de formador potencializa a valorização de uma interação que se preocupa com o outro, com ênfase na troca e no diálogo por meio da empatia. Parece que esse sujeito, ao explicitar sua intencionalidade de postura enquanto formador, revela um autodiagnóstico do que se passa nas diferentes dimensões de si. Em outras palavras, revela ações que contemplam a intenção de estabelecer relações com o docente, seja do ponto de vista cognitivo, ou seja do ponto de vista pessoal e afetivo.

Na análise dessas declarações, evoco o primeiro princípio[37] enunciado por Nóvoa (1988) referente ao projeto de formação de adultos, no que diz respeito à percepção do próprio processo de

---

[37] Vide página 101.

formação. Os sujeitos expressaram "uma compreensão retrospectiva" de suas vivências, de seus contextos culturais e institucionais, ao descreverem como se dá a sua aprendizagem, tanto na narrativa do período referente ao momento professor como no período referente ao momento-analista pedagógico.

No início, de um modo geral, os analistas pedagógicos revelam um discurso generalizado sobre o desafio da educação, da formação do aluno enquanto cidadão para atuar na sociedade em que vive, da necessidade de compreender como os alunos constroem conhecimentos e outras falas que são usuais entre aqueles cuja aprendizagem estão restritas à literatura pedagógica. Como exemplo, cito trechos da narrativa de três dos sujeitos, antes de eles vivenciarem a experiência do projeto:

> "O maior desafio do educador nos dias de hoje é formar o cidadão como um todo, explorando seu potencial, torná-lo atuante na sociedade em que vive, desenvolvendo sua criticidade e reflexão sobre situações do cotidiano tanto político quanto sociais."

> "Meus ideais de educação eram de contribuir para a formação de um cidadão crítico e reflexivo ao mundo em que ele vive e que deveria atuar nele para torná-lo melhor. Esses ideais se mantêm, mas ao mesmo tempo se abraçam a outros ideais semelhantes que têm o mesmo objetivo."

> "Além de nos prepararmos para sermos analistas, também es-

távamos nos preparando para escrever o referencial teórico da Rede Sesi. Muita leitura, muito estudo e muitas discussões. Foi um momento rico [...]." (grifos meus)

Os analistas pedagógicos, cada um na sua singularidade, manifestam um discurso construído pela teoria estudada e pelos encontros de formação vivenciados até então. Isso se explica na historicidade do momento que os sujeitos vivem, ou seja, um período em que participaram intensamente da elaboração dos referenciais curriculares da instituição e, então, estiveram imersos em muitas leituras, estudos, discussões, inclusive com consultorias externas específicas de cada área de conhecimento. Ao mesmo tempo, estiveram em formação com os profissionais da educação da gerência de supervisão de ensino.

Nesse sentido, deve ser ressaltado que o saber desses sujeitos não se restringe a um conjunto de conhecimentos determinados de uma vez; todavia, trata-se de um processo de construção ao longo de uma carreira profissional, na qual o sujeito, como explica Tardif (2002, p.14),

> aprende progressivamente a dominar seu ambiente de trabalho, ao mesmo tempo que se insere nele e o interioriza por meio de regras de ação que se tornam parte integrante de sua consciência prática.

Nas falas citadas dos analistas pedagógicos foi possível perceber a concepção da aprendizagem do próprio sujeito no momento analista-pedagógico; ele a compreende enquanto processo que ocorre nas mais diversas interações, nas quais o sujeito está ativo no processo. Revela, também, que nesse processo muitas emoções são geradas, transacionadas e, ainda, que a aprendizagem se articula ao saber-fazer, ao conhecimento teórico obtido por cursos ou por estudos individuais, permitindo a presença de si e para a situação, por meio da mobilização dessa variedade de elementos.

Observei, também, que a aprendizagem na interação com o outro é um fator marcante para esses sujeitos, pois todos eles afirmam processos de aprendizagem na interação antes de serem formadores e os reafirmam após assumir o ofício de formador. Como diz Josso (2004), os processos de formação, sob a ótica de quem aprende, revelam-se em interações com outras subjetividades.

Um fato interessante é como alguns dos sujeitos enfatizam a relevância de sua aprendizagem com os professores mais experientes:

"Durante a semana, **as professoras mais velhas nos auxiliavam com problemas de disciplina** (rigorosa na época) ou problemas de dúvidas de como 'dar aula'."

"Não posso deixar de dizer que **aprendi muito com as professoras mais velhas, com mais tempo de experiência**. Para mim, elas sabiam o que faziam."

"Me comportava de uma forma diferente nas aulas, **me interessava não só pelos assuntos discutidos naquela disciplina, mas também pela forma como a professora conduzia a aula** (era como se quisesse descobrir uma 'fórmula' para dar aulas...)."

"Aprendi muito, mas muito mesmo, observando outros professores dando aula. Quando digo isso não estou me referindo aos estágios obrigatórios propostos pela professora de didática, mas daqueles que realizei por minha própria conta. Ia até a escola no período contrário e **observava como as professoras mais 'experientes' lidavam com as situações que surgiam no dia a dia.**"(grifos meus)

Os analistas pedagógicos, nestas narrativas, referem-se à sua aprendizagem na interação com os professores "mais velhos", que para eles significam profissionais mais experientes. Neste aspecto, Tardif (2002) declara que essas situações de relacionamento entre professores jovens e professores experientes possibilitam objetivar os saberes da experiência e, nessas circunstâncias, esses professores tomam consciência dos seus saberes produzidos na experiência, objetivando-os para si e para seus pares e, portanto, ele não é apenas um prático, é também um formador.

Da análise, pude observar ainda que, no cotidiano escolar, o analista pedagógico se deparou com uma pluralidade de movimentos para os quais nem sempre encontrou respostas, sendo impelido a questionar a realidade vivida para poder compreender esses movimentos:

"Fiz os seguintes questionamentos: o que se observa nas duas orações? Como estão separadas? Quantos verbos há na primeira oração? E na segunda? **À medida que os questionamentos eram feitos, pude perceber que os alunos tinham conhecimento de algumas classes de palavras em detrimento de outras.**"

"Após leitura prévia do plano de trabalho da professora, levantei para discussão alguns questionamentos: se ia trabalhar com as dificuldades apresentadas nos textos dos alunos, por que os conteúdos "verbos" e "acentuação das palavras" estavam pré-definidos? Foi feito um diagnóstico? Como? De que maneira pretendia trabalhar com esses conteúdos?"

"Eram muitos pontos a serem apontados: um livro que não aparecia no plano, a professora não "cuidou" para que todos tivessem acesso ao material e não ficou atenta às dificuldades daqueles que estavam ali pela terceira vez (que concepção de avaliação é esta?!), pensando que no ciclo III só temos duas aulas semanais, como é que fica a gestão do tempo em relação ao trabalho com as expectativas?! Será que está havendo trabalho com as expectativas?!"

"Algumas questões se fazem constante no pensamento de quem trabalha com a formação de professores: qual a melhor maneira de realizar a formação? Até que ponto é possível, através da formação, auxiliá-los em uma mudança da prática? [...]"

"Nossa preocupação era como começar a fazer um levantamento de conhecimentos prévios (perguntas orais, escritas, textos, discussões). Como sistematizar tudo isso?" (grifos meus)

Viver o dia a dia da sala de aula permite ao analista pedagógico percorrer um percurso de questionamentos, defrontar-se com momentos de incerteza, complexidade, conflito e até de indignação quando percebe que o professor não cumpre os combinados. É importante registrar que Pineau (1988) declara que uma das principais conclusões de sua investigação é que "o adulto vive estados quase permanentes de interrogação"; portanto, há uma coincidência com essas narrativas. Nesse aspecto, o autor chama a atenção para o fato de que, se o adulto se interroga constantemente, a mudança também é constante.

Desse modo, no meu entender, propiciar situações que provoquem o sujeito a um constante questionamento de si e do seu fazer pode constituir um caminho na busca de novas aprendizagens, pois possibilita o pensar sobre situações-problema, que gerem busca de alternativas que contribuem para a autoformação do sujeito.

Em contrapartida, os sujeitos usam o questionamento também para investigar os saberes dos alunos, revelando a concepção de aprendizagem desses sujeitos em relação ao educando de que ele é portador de saberes, e não uma "tábua rasa".

Corrobora com a leitura interpretativa dos fragmentos narrativos expostos Gómez (1997), ao afirmar que, nas situações de prática, não há um conhecimento profissional para cada problema e com uma única solução; porém, o profissional competente os cria por meio da experimentação e do diálogo que se estabelece com as situações vividas.

Dessa forma, o analista pedagógico, como formador de formadores, tem possibilidade de construir e comparar outras estratégias de ação, outras teorias, outros modos de enfrentar e definir os problemas e, nesse sentido, as narrativas têm indicado que viver o contexto real da dinâmica da aula contribui para essa aprendizagem.

Observei, também, que desde a autobiografia inicial o sujeito se revela como ser que aprende antes e após assumir o cargo de analista pedagógico, ampliando sua narrativa quando faz referências às formações pelas quais transitou após a assunção ao cargo.

Nota-se uma valorização da formação com as consultorias como outra forma de aprendizagem, que são formações específicas sobre os conteúdos da área de conhecimento, objeto de trabalho dos sujeitos.

"As consultorias e os encontros me proporcionaram e ainda proporcionam a construção de minha identidade de formador."

"O que me trouxe maior crescimento foram os momentos de estudos com as consultorias externas."

"Com a preparação para analistas, no meu caso com a consultora L., pude ver o quanto me faltava para iniciar o processo de formação de formadores. Com essa preparação, continuei na faculdade."

"A nossa consultoria inicial baseou-se na teoria, em um primeiro momento onde ela se encaixa no fazer pedagógico, lá no chão da sala de aula."

"Porém, as reuniões, consultorias, problematizações, apresentações e, principalmente, os encontros com os professores possibilitaram- me (re)construir minha identidade profissional."

"Quanto ao trabalho com a área específica (história), foi muitíssimo importante o primeiro mês que passamos juntos em 2001 (analistas e consultor) e também os frequentes encontros com o consultor, que é onde mais me mostro." (grifos meus)

Esses relatos, evidenciando a importância das consultorias específicas para as áreas de conhecimento, demonstram as necessidades dos sujeitos em relação ao desenvolvimento de competências para o exercício de um ofício. Necessidades, sob o meu ponto de vista, intrinsecamente ligadas ao domínio dos saberes específicos do conteúdo com o qual se trabalha. Buchmann (apud Garcia, 1999, p.87) nos diz que:

> conhecer algo permite-nos ensiná-lo; e conhecer um conteúdo em profundidade significa estar mentalmente organizado e bem preparado para o ensinar de um modo geral.

Desse modo, como esses sujeitos têm a responsabilidade de, na formação de professores, trabalhar com o conteúdo específico, as consultorias externas foram valorizadas por terem se constituído em uma oportunidade dos sujeitos aprofundarem os conhecimentos da disciplina, objeto de seu trabalho. E, ainda, a ausência desse conhecimento em profundidade pode se tornar um problema para o analista pedagógico nos encontros de formação, visto que há uma grande diversidade cultural e social dos professores na rede escolar Sesi-SP, que congrega aproximadamente cinco mil professores de educação básica. Assim, o conhecimento do conteúdo específico é necessário não só para organizar a própria estrutura curricular, mas, principalmente, pensar como será ensinado aos alunos.

Nesse aspecto, recupero a afirmação de Pimenta (2002, p.26):

> Assim, a teoria como cultura objetivada é importante na formação docente, uma vez que, além de seu poder formativo, dota os sujeitos de pontos de vista variados para uma ação contextualizada.

Desse modo, a teoria é importante para apontar caminhos, razão pela qual os analistas pedagógicos valorizam a aprendizagem dos conteúdos específicos da área de atuação. Esse é um aspecto que muitas vezes não é privilegiado nos processos de formação continuada porque, na formação continuada, parte-se do princípio de que a formação inicial do professor foi suficiente para dotá-lo de conhecimentos teóricos para o seu fazer. Assim, no meu entender, um dos fatores que obstam a ruptura da utilização de modelos pedagógicos que não condizem com as necessidades dos alunos é que os professores carecem da teoria que forneça elementos para ressignificar a sua prática, inclusive da teoria que aprofunda o conhecimento do conteúdo a ser ensinado aos alunos.[38]

No caminho da discussão sobre aprendizagem, sob o prisma

---

[38] Esta é uma possível explicação que encontrei nesta investigação a um questionamento posto na introduçãoitem 2, Localizando o problema.

da aprendizagem dos formandos, extraí das narrativas os seguintes fragmentos:

"Me preocupava sempre em ministrar aulas interessantes e que motivassem o grupo a trabalhar com a oralidade, partindo sempre de situações reais."

"Aprendi que para atingir os objetivos propostos com meus alunos **era necessário pensar em atividades interessantes de fato.**"

"Ao longo da minha jornada como professora, **aprendi que é necessário compreender o ser humano de maneira mais complexa, pois cada pessoa é diferente, traz consigo uma história, uma vivência e possui maneiras diferentes de aprender.**"

"[...] para ser formador é necessário pensar e criar novas práticas de ensino que, de fato, mudem a postura do educador e os faça refletir sobre sua ação pedagógica."

"Ao planejar minhas aulas, **preciso encontrar maneiras de mobilizar para o aprendizado, incentivar a pesquisa, lançar questões problematizadoras, organizar todo o conhecimento construído, perceber a necessidade dos meus alunos** e observar as suas diferentes maneiras de aprender. **Pensar em atividades que explorem a escuta, a reflexão, a oralidade, a escrita, a observação,** utilizando os recursos disponíveis e, mais do que isso, **utilizando estratégias eficazes para atingir o grupo em sua maioria.**"

"Acredito que a opção metodológica da formadora era muito marcante, pois trazia a teoria e, ao mesmo tempo, cadernos de crianças que realizavam as atividades apresentadas, fazendo-nos passar pelo mesmo processo que as crianças devem passar."

"Revisitando minha formação, **penso que o sujeito se forma partindo daquilo que já se conhece, estabelecendo relações com as informações recebidas, fazendo conexões, ganchos, dando significados à nova informação.**"

"[...] **é preciso, além dos cursos de formação e de materiais, haver uma pré-disposição do sujeito para aprender** [...]"

"**Um sujeito só aprende e absorve** o que aprendeu, e se aquilo que aprendeu lhe vai ser útil em sua prática cotidiana, **quando ele relaciona e percebe que aquilo que estamos propondo o desafia; então o sujeito se forma e se torna formador.**"

"É necessário **desenvolver nas crianças a habilidade de posicionar-se diante de cada um e defender seu ponto de vista com argumentos sólidos e convincentes.**" (grifos meus)

É importante lembrar que essas narrativas antecedem ao período da experiência no Projeto *in loco*; por outro lado, já estavam no cargo de analista pedagógico e haviam participado de várias ações de formação em conjunto, razão, no meu entender, que explica a similaridade nesses registros. Dessa forma, foi possível perceber nestes relatos uma concepção de aprendizagem articulada a uma concepção de educação, em que aparece uma visão de sujeito ativo no próprio processo de aprendizagem, quando revelam uma crença de que é necessário desenvolver com alunos atividades interessantes, que considerem os saberes que os formandos portam e as situações reais do contexto escolar, destacando a importância do respeito aos diferentes ritmos de aprendizagem. Ao mesmo tempo que alguns analistas pedagógicos salientam a importância de trabalhar com alunos atividades de ensino mobilizadoras, problematizadoras, que provoquem operações mentais e estabelecimentos de relações e que promovam o desenvolvimento de habilidades e competências, outros enfocam a necessidade do formador mudar a própria postura, refletir sobre as próprias ações.

Assim, na análise desses registros, percebi que quando o sujeito se manifesta a respeito da aprendizagem do formando, ele revela a sua forma de aprender. O sujeito formador se confunde com o sujeito formando, o que demonstra, no meu ponto de vista, que no processo de ensino e aprendizagem os sujeitos são, ao mesmo tempo, "ensinantes" e "aprendentes".

Como isso ocorre quando se trata dos recortes narrativos extraídos dos relatórios (durante a vivência do Projeto *in loco*) e das autobiografias finais (após vivência do Projeto *in loco*)? A seguir, alguns depoimentos dos sujeitos nas narrativas em processo e finais, que serão analisadas comparativamente aos fragmentos narrativos iniciais já vistos:

"Apresentamos um gráfico estatístico e **pedimos que os alunos permanecessem em grupo, observando-o** e respondessem a duas perguntas [...] Em um exercício de leitura de um gráfico mais complexo, precisamos dar dicas, pistas, para poderem entender alguns detalhes do gráfico. A partir daí, foi ficando mais fácil para os alunos responderem."

"Lemos, levantamos significados, **elaboramos algumas questões que promovessem reflexão**, elaboramos questões que trabalhavam com o uso das aspas em determinadas expressões, qual seria a intenção do autor ao utilizar as aspas e qual a ideologia que estava por trás daquela notícia. **Durante a atividade, questionaríamos sobre as opiniões dos alunos, suas críticas e posicionamento**."

"A história ficou melhor [...] e **as crianças participaram da reelaboração com muitas ideias e, quando era possível, problematizava-os a respeito do que era prioritário na história**, como desenvolver o interesse de um leitor que desconheciam e outros detalhes."

"[...] em uma das atividades com as crianças, eu teria que propor agrupamentos e me observei preocupado com critérios para agrupamentos, **atividades a serem desenvolvidas pelas crianças** (determinando o que cada um iria fazer com vistas a promover desafios possíveis e promover avanços) e até combinados (contrato pedagógico) e como isso foi melhor tanto para as crianças quanto para mim."

"Extraímos, das produções escritas dos alunos, algumas orações-problema e as organizamos em uma transparência para reflexão coletiva."

"Mostrei para a classe a mesma oração acrescida de mais períodos. Rapidamente, perceberam que a conjunção eu passara para o final, "juntando" a última oração às demais e que os períodos anteriores estavam separados por vírgulas. **Tinha atingido um dos objetivos: chegar à regra em uma construção reflexiva.**"

"Ao lermos o texto, percebemos que as questões estavam descontextualizadas, então, **reformulamos as questões para adequar a intenção – discutir e interpretar o texto.**" (grifos meus)

Os analistas pedagógicos, nesses recortes, revelam mais do que suas ações com alunos na experiência do Projeto *in loco*; revelam as possibilidades de intervenção que contribuem para romper com um ensino meramente transmissivo; intervenções que permitem ao outro perceber sentidos, em vez de transmitir apenas conceitos já elaborados quando apontam a participação dos alunos nas diferentes atividades, na construção de conceitos, na reflexão sobre o que está sendo proposto.

Na comparação entre os fragmentos narrativos iniciais e estes, os sujeitos mostram que há coerência entre o que pensam sobre como o outro pode aprender (conforme explicitado nas narrativas iniciais) e as ações que desenvolveram com os alunos, pois, naquelas narrativas, de uma forma ou de outra, todos declaram a necessidade de propor atividades interessantes, desafiadoras para mobilizar o aluno e, aqui, relatam suas diversas ações. Por exemplo, apresentação de gráficos para leitura com grupos de estudantes, na qual um dos analistas pedagógicos percebe que facilita o fazer dos alunos quando dá "pistas"; não são respostas prontas, porém, estimulam a busca do aluno para o próprio aprender. Enquanto um analista utiliza a produção de texto do aluno para uma reflexão coletiva, um outro, ainda, mobiliza os alunos na construção de regras gramaticais.

Essas declarações demonstram que a concepção de aprendizagem apropriada pela teoria foi viabilizada na prática, com os alunos e professores; isto é, os conceitos e problemas relacionados à prática são intimamente relacionados com os conceitos da teoria, nas ações práticas desenvolvidas em sala de aula. Portanto, entendo que estas atividades representam a validação das propostas de trabalho discutidas no encontro de professores.

Entendo, ainda, que houve um movimento, neste projeto, em que os analistas puseram em prática seus discursos, indicando que é possível atingir uma das metas dos Referenciais Curriculares da Rede Escolar SESI-SP:[39] romper com o modelo de ensino estritamente transmissivo.

As falas descritas indicam que não mudaram a concepção de

---

[39] Documento que expressa a proposta educacional da educação infantil e do ensino fundamental do SESI-SP.

aprendizagem ao vivenciarem seus discursos, ou seja, ao desenvolver suas próprias proposições colocadas nos encontros de formação com professores. Embora, em relação às declarações iniciais, a concepção não seja muito diferente, os relatos são mais vivos, referem-se a situações concretas; mostram que a concepção aprendida nos processos de formação, nos estudos teóricos, é possível de ser realizada na prática.

As intervenções dos analistas pedagógicos desvelam a pregnância de uma intencionalidade educativa, sobretudo quando levam em conta os saberes que os alunos trazem para sala de aula. Nessa perspectiva, corrobora o pensamento de Hadji (2001, p.65) de que a educação, enquanto intervenção no desenvolvimento do outro, ao contrário de tornar-se impossível, adquire o sentido de ação, de proteger e explorar o potencial específico. Uma intervenção se legitima quando objetiva fazer com que o sujeito "progrida nos grandes domínios referenciados: linguagem e comunicação, vida comunitária, aprendizagem e pensamento, ação e criação" (Hadji, 2001, p.74).

Percebe-se uma evolução dos sujeitos, que se constrói no processo de desenvolvimento das ações desses sujeitos, revelando outro ponto de similaridade: a necessidade de outros olhares para dar conta da formação de professores. Assim, a partir da atividade da própria atuação, é possível conhecer, compreender e interpretar as particularidades da vida da sala de aula e criar novas perspectivas de intervenção (Gómez, 2000).

De outro prisma, os analistas pedagógicos também revelaram suas dificuldades em aprender; suas dúvidas, incertezas, inquietações:

"Sinto ainda muita dificuldade em entender o processo que se dá após o encontro de formação, quando o professor volta para a sala de aula."

"Dificulta e muito a minha aprendizagem palavras rebuscadas, falta de exemplo concreto ou definições abstratas demais (embora eu cometa esses deslizes como analista). Venho tentando falar mais da prática do que da teoria, mas nem sempre isso é possível, pois precisamos dar significado à prática."

"O que percebi quando começamos a planejar é que, **como elas, eu também tive muita dificuldade em organizar o conteúdo conceitual** de modo que não esteja priorizando o "linear". Não é algo que dá para fazer rapidamente; exige muita pesquisa, **isso dá trabalho, cria muita ansiedade e dúvidas.**"

"**Em alguns momentos, durante essas aulas, me senti perdida,** sem saber o que fazer em algumas situações (mais quando alunos se dispersavam, quando começavam a conversar). Isso porque estava me cobrando o tempo todo, **estava observando minhas próprias atitudes. Como foi difícil!**"

"Tenho conseguido mudar meus conceitos com muito estudo, questionamento e prática e mesmo assim ainda tenho minhas dúvidas, principalmente nas questões referentes à parte específica de cada área do conhecimento."

"[...] não sei dizer se foi insegurança minha, [...] não foi fácil [...], mas graças à experiência da professora que sempre justificava foi me dando um norte e me senti mais aliviado e tranquilo ao entender sua intenção, então me deu um certo contentamento e prazer de me sentir como parceiro e a professora também."

"Fiquei com dúvida, mas disse a ela que deveríamos registrar e pensar em outras formas de levantar conhecimentos dos alunos para podermos entender o caminho do pensar do aluno."

"Uma das questões que me inquieta muito é saber como este professor aprende realmente."

"Ainda não terminei minhas atividades com a professora R., mas sinto que aprenderei muito com ela." (grifos meus)

Esses relatos demonstram a importância em abordar a questão da aprendizagem dos formadores, pois, como profissionais que ensinam, também têm dificuldades. Esses sujeitos revelam explicitamente que têm dúvidas, inquietações, que às vezes se sentem "perdidos" diante de situações que acontecem em sala de aula. Desse modo, esses dados demonstram a necessidade de formação para os formadores de formadores, de ações que privilegiem o pensar em mais alternativas para o seu fazer de formador.

É importante ressaltar, ainda, que as narrativas desses sujeitos, na minha percepção, vão de encontro ao pensamento de Hernandez (1998, p. 13) quanto à sua declaração de que os formadores têm dificuldade de aprender "entre outros motivos, porque se considera que já sabem quase tudo e que dificilmente podem aprender com os outros, e muito menos com as situações de formação e com as experiências dos docentes [...]". Ao contrário, os sujeitos dessa pesquisa, além de revelarem explicitamente suas dificuldades, dúvidas, incertezas, ainda revelam suas aprendizagens, em um contexto de sala de aula, na interação e pela interação, não só com docentes, mas também com alunos, como denotaram os fragmentos narrativos expostos neste eixo.

Por que os analistas pedagógicos demonstraram atitudes que contrariam a declaração de Hernandez (1998)?

Uma das minhas hipóteses de que a posição de Hernandez é contrária aos meus achados é a de que os analistas pedagógicos percebem a disponibilidade do formador que sou eu, dos formandos que são os professores e dos próprios alunos em relação a eles; então, se desarmam. Ficam mais disponíveis para reconhecer suas próprias dificuldades e, portanto, há uma maior explicitação dos medos, da insegurança, pois também estão em um ambiente que, de certa forma, os obriga a lidar com as dificuldades do outro e, então, eles se tornam mais capazes de ter contato com as próprias dúvidas, com as próprias dificuldades e de comunicá-las.

Outra análise importante, decorrente dos relatórios elaborados durante a vivência dos sujeitos no Projeto *in loco* e da autobiografia educativa final, é que, além das regularidades nas aprendizagens, geradas no contexto escolar, percebe-se, também, uma diversidade de aprendizagens entre eles ou compartilhadas por dois ou três deles, como se vê nos seguintes fragmentos desses registros:

"Li seu plano e me comprometi de enviar minhas reflexões sobre seu plano e **dividirmos o que eu poderia fazer dentro de seu plano**. Este seria **mais um momento de aprendizado para mim**."

"Esta foi a outra lição que tenho aprendido com o Projeto *in loco*. Percebi que preciso pontuar algumas questões e **cuidar para não imobilizar o professor**."

"Outro momento de intensa aprendizagem tem sido o Projeto *in loco*, no qual **tenho a possibilidade de ouvir o professor**, suas dúvidas e representações, **além de colocar em prática atividades que planejamos de forma 'idealizada'**."

"O projeto nos faz ver como andam as nossas orientações. Sei que é difícil alcançar a todas, mas é mais difícil a sensibilização das professoras que não acreditam na proposta."

"Aprendi que nem sempre o que discutimos nos encontros de formação continuada fica claro para o professor."

"[...] As atividades que propomos aos professores precisam ser pensadas em vários contextos durante o Projeto *in loco* percebi que as atividades precisam ser pensadas com diferentes graus de desafio, pois realizar atividades de alfabetização em classes de 35 a 40 alunos, atendendo à heterogeneidade da sala e realizando intervenções com os alunos, decididamente não é tarefa fácil para o professor. E isso pude vivenciar durante o projeto."

"Tendo em vista que o Projeto *in loco* visa acrescentar saberes à minha função de formadora, **hoje senti o quanto é importante 'ouvir o professor', mas ouvi-lo trabalhando junto**, selecionando a expectativa de ensino e aprendizagem e tentando buscar uma forma de trabalhá-la."

"**Só ouvir as dificuldades e dar 'dicas' de como é possível saná-las ajuda, mas não resolve.** É preciso 'tematizar' essas dificuldades, vivenciar com o professor esse processo de construção da prática."

"Nos momentos de trabalho *in loco*, **temos tentado juntos encontrar soluções** e partir do real, do que é possível e das condições que são oferecidas na escola."

"Comecei a tentar fazer planos docentes e senti na própria pele algumas demandas que os professores me colocavam; foi este um momento muito importante para meu aprendizado. **Os professores, com seus apelos práticos, me empurravam para frente** em direção a um saber apoiado em bases mais fortes (a teoria e a prática)."

"Na sala de aula existem alunos bons e falantes, que querem sempre explicar tudo e muitas vezes não deixam outros falarem. Foi onde **percebi que eu e a professora muitas vezes dávamos preferência e ficávamos discutindo com estes e esquecíamos os outros**; aquilo foi me dando uma raiva fiquei muito incomodado, então decidi **falar com a professora e então exercitamos escutar mais e estimular os alunos menos falantes a falarem**." (grifos meus)

Observei, nessas declarações, que os analistas pedagógicos, no movimento de viver a experiência de sala de aula como formadores, se autoavaliam em diferentes aspectos: no dividir a responsabilidade com o professor, no cuidar para não imobilizar o docente, na importância de ouvir o outro e de rever as próprias orientações, ações de formação nos encontros com professores.

Esses dados permitem perceber uma regularidade na declaração dos analistas pedagógicos no que diz respeito ao cuidar do outro. No entanto, esse cuidar desponta em dimensões diferentes, pois cada um deles fala do ponto de vista de sua singularidade: o ouvir o outro, o planejar junto, compartilhar responsabilidades, a busca de solução em conjunto, o repensar a comunicação e o rever a própria prática de formação.

No entanto, as diferenças nas dimensões do cuidar do outro, no caso do professor, também são importantes para pensar o conjunto de ações formativas, pois essas diferenças poderão ser socializadas nos momentos de formação com os analistas pedagógicos, que antecedem aos encontros com os professores. São importantes, ainda, porque podem apontar reflexões a serem compartilhadas, discutidas, para dar origem à criação de ações formativas que levem em conta essas diferenças, que emergiram das situações vividas em sala de aula.

Assim, embora nem todos tenham se referido a ouvir o outro, esse é um aspecto que se mostra importante. Ouvir o outro, no trabalho conjunto, mostra nuances significativas dessa interlocução, porque o sujeito indica uma ampliação na ação, como aponta um dos sujeitos ao declarar "ouvir o professor, mas ouvi-lo, trabalhando junto"; isto é, trata-se de um ouvir que pressupõe o fazer compartilhado. E, ainda, um dos sujeitos revela o reflexo desse ouvir na ação com os alunos, quando declara que fez esse exercício, estimulando os "alunos menos falantes a falarem".

O mesmo se dá em relação a compartilhar responsabilidades: esta não é apenas apontada como participação, porém, há uma aprendizagem de cooperação implícita nas declarações de busca de soluções, coletivamente. Nesse aspecto, é possível confirmar o quarto[40] princípio enunciado por Nóvoa (1988), quando afirma que formar não se trata de ensinar o outro, porém, é trabalhar coletivamente buscando soluções para os problemas com os quais se defronta.

Nem todos fizeram uma análise muito detalhada do que significa planejar junto, mas um deles indicou como muito importante o planejar em conjunto, seja considerando o conceito, seja considerando o fazer coletivo e, também, desvela que a elaboração de

---

[40] Esse princípio encontra-se descrito à página 102 deste livro.

um plano docente constitui um alto grau de desafio, inclusive para ele próprio, quando utiliza a expressão: "[...] senti na própria pele algumas demandas que os professores me colocam [...]".

Destaco, ainda, que alguns desses analistas pedagógicos, na vivência do Projeto *in loco*, se dão conta da necessidade de repensar as atividades de formação nos encontros pedagógicos, tanto do ponto de vista do professor, quando percebem que não houve compreensão por parte dele, quanto do ponto de vista de suas próprias dificuldades sentidas no contexto da sala de aula.

Dessa forma, a partir da análise desses dados, entendo que eles apontam que a apropriação de saberes pode se dar tanto em uma vivência de aprendizagem pessoal como coletiva, pois, ao mesmo tempo que os sujeitos revelam seu olhar sobre si próprio, nessa experiência realizada no contexto da escola, também carregam o professor como seu parceiro neste processo de aprendizagem.

Nesse eixo, é interessante perceber que esses sujeitos não indicam que aprender é apenas "isto" ou "aquilo"; mas uma busca de como fazer diferente, que, no meu entender, contribui para a autoformação desses formadores, pois o sujeito, na procura da compreensão do próprio processo de aprendizagem, encontra outras possibilidades para a complexa tarefa de intervenção na formação do outro e de si próprio.

Eixo 2. Sentimentos desvelados quanto à representação de formador

Neste eixo, uma das constatações sobressai na análise das afirmações e concepções do formador: todas as narrativas estão carregadas de fortes sentimentos. Ao descrever suas histórias vividas no Projeto *in loco* em busca de suas memórias, o sujeito não faz apenas a narrativa dos fatos, ao contrário, ele se desvela no registro de suas ações, de seus pensamentos, como um sujeito de emoções, de afeto, de relações interpessoais.

Nessa perspectiva, retomo o entendimento de representação, ou seja, representação significando um conjunto de pensamentos, de ideias, de atitudes que constituem o pensar do sujeito sobre um determinado conceito. São os critérios por intermédio dos quais ele lê o mundo. Assim, quando os analistas pedagógicos desvelaram sentimentos da sua experiência profissional, busquei identificar os pensamentos, as ideias desses sujeitos sobre o seu ofício de formador.

Ao serem analisados os sentimentos, só foi possível identificá-los, mais claramente, nas narrativas finais, talvez porque fosse mais fácil para os analistas pedagógicos, à medida que eles iam se sentindo mais seguros comigo e com o professor-formando externar seus sentimentos. Isso indica que, embora tenha havido a intenção inicial de estabelecer uma relação de paridade[41] com os

---

[41] Essa relação de paridade que se estabelece entre os sujeitos, formandos e pesquisadora, como esclarecido por Moita (1995) no pressuposto 6, significa uma relação que se caracteriza pela colaboração, pela partilha, por uma escuta empática.

sujeitos, esta relação somente se materializa durante o processo da pesquisa e se esse processo realmente a possibilita.

Os sentimentos dos analistas pedagógicos se desvelam em relação ao professor, à própria vivência de suas atividades no Projeto *in loco*, ao seu fazer, mas há, também, um conjunto de sentimentos que são revelados em relação aos alunos, à ambiência escolar. Encontro uma explicação para essas revelações em Aguiar (2002, p.140), quando afirma que os sentimentos são constitutivos do sujeito, e este, apesar de ser único, contém "a totalidade social e a expressa nas suas ações, pensamentos e sentimentos".

Nesse sentido, cada sujeito faz-se aparecer como um profissional que afeta e é afetado pelas situações vividas antes, durante e após o desenvolvimento das atividades no Projeto *in loco* – situações que geraram certezas e incertezas, sentimentos contraditórios, sentimentos de competência, frustrações, alegrias, indignação.

Os sujeitos, nas narrativas, permitiram emergir as marcas de suas vivências educacionais. Marcas que revelam um saber existencial imbricado às suas histórias de vida profissional na educação, ancorado em sentimentos, emoções, afetos, não somente em relação aos formandos, mas também em relação a si próprio, pois evidenciam suas tensões, seus dilemas, seus medos, a necessidade de negociação, de estratégias, de interação com os objetos de conhecimento, com seus pares, com professores e com alunos.

Em relação ao início da carreira desses sujeitos, no cargo de analista pedagógico, percebo semelhanças nos fragmentos narrativos a seguir, quanto a sentimentos, expectativas e à amplitude dos reajustes necessários à integração de um novo saber-fazer, para desempenhar um novo ofício:

"Minha formação acadêmica não foi das melhores. A faculdade onde estudei [...] não deu muitos subsídios para minha prática."

"Para mim, foi um presente de Deus estar nesta função."

"**Cheguei aqui cheia de expectativas. Não sabia bem qual seria minha atuação.** Tinha necessidade de compartilhar minhas experiências com outras pessoas. **Em muitos momentos, me senti só (ainda me sinto algumas vezes).**"

"**Me sinto feliz e dividida.** Não é fácil conciliar trabalho e família. Procuro "lidar" com estas questões de maneira prática, com um certo equilíbrio."

"**Alegrias, quando percebo que a função do** analista realmente veio para auxiliar o professor nas suas dificuldades pedagógicas, ajudá-lo a refletir sobre sua prática [...] **Aflições, quando, apesar das discussões que tivemos, dos estudos que fizemos, nos deparamos com a antiga prática do professor: tradicional,** desmotivadora e que coloca em xeque o nosso trabalho."

"No início, **meus sentimentos eram de medo de errar, até um certo sentimento de incompetência,** mas que aos poucos tem se dissipado, pois **aprendi a encarar que este espaço é um** momento de aprendizado tanto para mim como para meus colegas e que os questionamentos feitos durante a socialização do encontro são meramente formativos."

"Estudar a teoria me fez ver um outro lado da ciência que é a pedagogia e me senti revigorada (embora meio tímida e temerosa de como seriam os meus encontros...)."

"Quando assumi o cargo de analista pedagógico não possuía experiência nenhuma com formação de professores, e isso me assustou um pouco, pois os saberes que possuía eram totalmente voltados para o trabalho com crianças."

"Vim de um centro educacional muito pequeno, éramos em quatro professoras apenas e a grandiosidade (em todos os sentidos) da sede deixou-me apreensiva e motivada ao mesmo tempo."

"Foi muito difícil (e às vezes ainda é) essa reconstrução identitária, pois a prática profissional como analista me coloca inquietações e preocupações que muitas vezes são contraditórias ao que pensava enquanto professora."

"Inicialmente, o que mais me empolgava era a possibilidade de estudar muito, de conhecer pessoas diferentes e suas diferentes realidades, bem como suas necessidades."

"[...] meus anseios eram de muita curiosidade em relação ao cargo – o que eu deveria fazer – então percebi que deveria conquistar meu espaço, pois não houve nenhum tipo de curso ou formação específica para minha atuação, foi mais um exercício de observação de um colega trabalhando e eu tentando cavar meu espaço e entender a proposta de trabalho que se queria." (grifos meus)

Os analistas pedagógicos demonstram muitos sentimentos e expectativas que são semelhantes, bem como percebem necessidades para exercer a função. Os dados expressam que os sujeitos dessa pesquisa, apesar de indicarem motivos diferentes, também revelam similaridades de sentimentos e expectativas, pois todos declaram ansiedades, dificuldades, alegrias e perspectivas ao assumirem o cargo de analista pedagógico. A leitura analítica dos fragmentos, referentes ao início da nova função, também me levou a interpretar que, para alguns sujeitos, assumir o cargo de analista pedagógico pressupõe um caminho ao encontro da felicidade. Caminho que parece ser percorrido de forma mais ou menos consciente, quando se considera a consciência como o conhecimento do mundo interpretado por meio do pensar, sonhar, sentir e agir. No entanto, nesse caminhar também aparecem os sentimentos de ansiedade, de preocupação, de insegurança, de angústia, medo de enfrentar o novo, o desconhecido e a complexidade que é ser formador de formadores.

Os analistas pedagógicos, ao relatar o início de sua nova prática profissional, denotam estarem vivendo um período crítico para o qual apontam sentimentos fortes e, muitas vezes, contraditórios. É possível perceber que, de uma forma ou de outra, todos revelam suas preocupações, seus anseios e, de outro lado, a motivação, a alegria, a empolgação. Nesse sentido, Tardif (2002) afirma que, para vários autores, trata-se de um período muito importante da história de vida profissional, pois poderá ser um determinante em relação ao futuro profissional na medida em que ele escolhe provisoriamente o novo ofício, por meio de tentativas e erros, com muitas necessidades, e experimenta diferentes papéis.

É importante notar que esses mesmos sentimentos, inclusive ambíguos, emergem quando os sujeitos da pesquisa iniciam uma nova experiência (Projeto *in loco*) no ofício de analista pedagógico. Mesmo em se tratando de uma experiência que todos eles já haviam vivenciado, ou seja, desenvolver atividades com alunos, agora o contexto é diferente: não mais como professor da classe, mas como formador de professor. E essa é a minha hipótese, ou seja, o fato de o analista estar em um cargo diferente, em outra relação de hierarquia, explica os sentimentos abaixo desvelados:

Para iniciar o Projeto *in loco*

"Meu primeiro dia no projeto **foi de muita ansiedade, medo. Fiquei pensando, meu Deus, será que vou fazer certo?**"

"Quando entrei **em sala de aula, me senti muito feliz**, pois adoro lecionar para adolescentes, mas **tive um sentimento de** angústia em alguns momentos..."

"Desde que iniciei o Projeto *in loco*, sentimentos contraditórios me surpreenderam. Primeiro porque voltar para a sala de aula me fez lembrar experiências vividas com as crianças enquanto era professora. Depois, porque existiu uma insegurança com relação ao que iria encontrar nas escolas, que intervenções deveria fazer, o que destacar, o que discutir ou não com o professor e, principalmente, por ter que me colocar no lugar de quem está aprendendo, uma vez que os próprios professores me receberam esperando respostas e soluções para os problemas que enfrentavam."

"Mas se a professora não ficasse receosa comigo não haveria problemas com a atividade e, por outro lado, errar é humano, mas não gostei de errar; fiquei com medo e pensando: como será que a professora está pensando de mim?"

"No início me senti muito insegura em ter que ir à escola conversar com o professor. Pensava: 'meu Deus, e se eu não tiver respostas?', 'e se eu não for bem-vinda?', 'e se eu não tiver ideias muito diferentes?'. Mas aí passou e eu comecei a me sentir mais segura [...]"

"Qual seria meu maior medo? Será que em meu percurso de formador eu havia terminado a tempo de aprender fazendo ou será que a teoria que tanto me esmerava em dominar me amedrontava se fosse colocada em prática? Como será que os professores iriam encarar este projeto? **Comecei a perceber que um certo 'peso' de supersabedoria se instaurava no meu modo de pensar** e começaram a passar em minha mente questionamentos do tipo 'o que farei quando uma atividade que propuser ao professor não tiver resultado positivo?' ou 'como lidar com professores que me trarão os casos mais escabrosos de suas salas?' 'Direi que não sei o que fazer?' **Os professores esperam de meu cargo uma solução para seus problemas.**" (grifos meus)

Conforme apontado, sentimentos fortes e contraditórios são novamente revelados no momento que antecede a experiência de retornar à sala de aula, na experiência do Projeto *in loco*.

Percebi que os sujeitos denotam medo, insegurança, quando pensam que o seu próprio fazer pode não ser exitoso, que eles podem "errar"[42] e que podem não ter respostas a todas as demandas dos docentes. Muito provavelmente, esses sentimentos estejam relacionados à representação dos professores em relação ao cargo do analista pedagógico, isto é, há uma utopia que permeia as representações dos docentes em relação ao formador, em relação àquele que ocupa uma posição maior na hierarquia da estrutura da instituição, de que este é detentor de muitos saberes, com poderes de solucionar todos os problemas de sala de aula.

---

[42] O errar está entre aspas porque, com base nos relatos, para esses sujeitos, errar significa não produzir resultados esperados por eles ou pelos formandos.

Em contrapartida, essas representações não são propriedades apenas dos docentes, mas também dos sujeitos da pesquisa, dos formadores, quando revelam seus conflitos internos e suas concepções em relação ao "erro". Concepções estas que, sob meu ponto de vista, fazem parte de uma história da educação: "professor não pode errar". Que se dirá, então, do formador de professor?

Dessa forma, esses mitos culturais, não explícitos, porém, desvelados nas entrelinhas, podem gerar ambiguidades quanto às representações do próprio ofício.

Para as ambiguidades apontadas, no enfrentamento do desafio de se colocar como sujeito do seu próprio discurso, encontro uma explicação em Hadji (2001, p.117):

> É que o ensino em seu sentido clássico repousa sobre um verdadeiro mito que está na origem de muitos dissabores, de muitas desilusões e de muitos sofrimentos. Acreditou-se que ensinar, [...] consistia em transmitir conhecimentos.

Esse mito gerou uma concepção de ensino que foi vivenciada por todos nós, na maior parte de nossas vidas. Trata-se de uma cultura secular, cuja superação ainda é complexa, porque o processo de ensino e aprendizagem é impregnado de tensões, dilemas, conflitos, negociações e, notadamente, estratégias de interação.

Portanto, deixar de fazer o que sempre fez provoca a insegurança, o medo de não "dar certo", especialmente para esses sujeitos que ocupam um cargo superior na hierarquia da estrutura da Diretoria de Educação do Sesi-SP em relação aos professores.

Como aponta Tardif (2002, p. 130), uma parte do trabalho com alunos caracteriza-se nos sentimentos, em emoções, afetos, na capacidade de perceber além dos próprios formandos, ou seja, de perceber e sentir suas próprias emoções, seus medos, suas angústias, alegrias e satisfações. Entender que uma parte do trabalho com o outro se materializa no sentir permite entender também a ansiedade, o medo evidenciado pelos sujeitos, antes de iniciar um novo projeto.

É importante registrar, também, os sentimentos de decepção e desânimo frente à comprovação de que as suas expectativas, em relação às práticas docentes, estavam muito aquém das situações com as quais se deparou em sala de aula.

"Meu estranhamento com o Projeto *in loco* foi inicialmente o incômodo que acho que causei nas professoras que, apesar de terem me convidado, não ficaram totalmente à vontade em partilhar o seu trabalho, mostrar suas fragilidades e dificuldades."

"O conteúdo privilegiado, após diagnóstico feito das produções escritas pelos alunos, foi 'pontuação'. Confesso que fiquei um pouco frustrada, pois, para este ciclo, os problemas de pontuação já deveriam ter sido vencidos."

"O professor pensa que temos todas as respostas para suas dúvidas e que vamos resolver todos os problemas de aprendizagem. Isto me causou um pouco de 'peso'."

"A esta altura, os alunos já tinham produzido outros textos sem que se tivesse esgotado todo o conteúdo abordado nas produções anteriores. **Não houve ainda o trabalho de reflexão sobre a estrutura do texto (que no caso era argumentativo). O processo de refacção tinha parado ali.**"

"**Sinto ainda muita dificuldade em entender o processo que se dá após o encontro de formação, quando o professor volta para a sala de aula.** Gostaria de compreender o que se passa em seu pensar **e entender o porquê de não haver mudanças significativas.**"

"**Pude sentir dificuldade em perceber o empenho de uma das professoras** com a qual realizei a atividade na sala de aula, pois tínhamos combinado que, entre uma vinda minha e outra, ela se encarregaria de dar continuidade com a atividade. Sua tarefa seria continuar ampliando o repertório de leitura das crianças, mas quando eu retornava à escola, ela não tinha conseguido privilegiar a leitura."

"Em relação aos estranhamentos, posso dizer que notei que as professoras [...] não têm claro os conteúdos que fazem parte do referencial, isto é, do próprio ciclo. **Notei uma visão poética de ser professora, como se fosse mágico, ensino valores, atitudes e os procedimentos e conceitos** vêm junto. Aquela visão que encontrei nos projetos "temões", sem muitos propósitos didáticos e pedagógicos."

"Sinto que há muita distância entre o planejar e a prática; parece que em alguns momentos há uma acomodação por parte do professor. Saio daqui pensando que não posso me deixar levar por este sentimento de desânimo." (grifos meus)
Parece existir uma coincidência entre os sentimentos antes da vivência do Projeto *in loco* e os expressos a partir das situações com as quais os sujeitos se deparam, quando relatam seus estranhamentos em relação às práticas dos professores. Porém, os motivos são outros: os analistas pedagógicos declaram insegurança, antes de vivenciar suas atividades no Projeto *in loco*, que é um sentimento fruto do desconhecido. Entretanto, agora, o sentimento de insegurança que expressam é do conhecido, que é extremamente complexo, e que ele tem que viver e deslindar com os professores.

Dos fragmentos expostos, é possível observar que, para um dos analistas, os professores não se sentem à vontade para partilhar atividades com ele, na sala de aula, o que lhe provoca um sentimento desagradável; para outro, há um sentimento de "peso", quando percebe que os professores pensam que o analista pedagógico pode dar conta de responder todas as dúvidas; para outros, há uma dificuldade de entender a ausência de mudança nos procedimentos dos docentes. Pude perceber que os sentimentos de incômodo, frustração e desânimo revelados e implícitos estão relacionados às atitudes dos professores, de indisponibilidade para a mudança, de dificuldades dos docentes em abandonar certas práticas, de cumprir os combinados, de desconhecimento do fazer (mesmo quando se empenham), de desconhecimento dos conteúdos.

Esses dizeres podem significar o quanto as raízes do mito "ensinar é transmitir conhecimento" ainda estão arraigadas nos educadores, pois, se assim não fosse, ao verificar que mesmo com toda a discussão nos encontros de formação é possível encontrar ideias e concepções equivocadas, até a negação do sair do lugar por considerá-lo seguro, e o sentimento de decepção revelado pelos analistas pedagógicos não se mostraria tão forte. Por outro lado, o formador tem dificuldade de reconhecer que cada um tem o seu tempo e que o empenho, mesmo sem o saber-fazer, é um ponto importante para o trabalho. Assim, percebo que uma das carências na formação desses formadores reside na ausência da compreensão do exercício da docência, dos processos constitutivos da prática docente, na contradição entre o que dizem (fazer juntos) e a ideia de que os professores são executores de tarefas (e não as executam na conformidade com as orientações dos encontros de formação).

Por outro olhar, esses sentimentos de frustração, de decepção dos sujeitos são compreensíveis no percurso da experiência vivida por eles por exprimir uma linguagem emocional e, como clarificado por Josso (2004), essa linguagem traduz a ideia de que as aprendizagens comportam uma alternância, isto é, as experiências formadoras tanto alimentam a autoconfiança como as dúvidas, as incertezas.

Nessa linha, encontram-se outras narrativas que, novamente, mostram os sentimentos de desapontamento, de indignação e decepção dos sujeitos ao depararem com situações que apresentam o que eles consideram resistência à mudança de práticas docentes:

"O diagnóstico não havia sido feito e estes conteúdos estavam sendo proposta de trabalho do livro didático. As atividades que realizaria seriam todas extraídas de lá também. **Não havia nenhum exercício preparado partindo das dificuldades dos alunos. Isto me fez retomar com a professora a concepção de ensino de língua.**"

"A professora disse que ainda tinha um pouco de dificuldades para elaborar seu plano devido à falta de tempo fora da escola (a professora é coordenadora em uma escola estadual no período noturno e dá aulas à tarde) **e que preferia dedicar o resto do tempo para preparar suas aulas.**"

"A lição de casa preparada anteriormente por nós para verificação dos avanços da aprendizagem não foi proposta pela professora, o que deixou o trabalho um tanto "truncado", pois seria mais um momento de perceber os avanços e as dificuldades que a classe ainda apresentava em relação a esse conteúdo. **Fiquei um tanto decepcionada, pois o trabalho havia sido interrompido.**"

"Ao questionar a professora por que ela não havia dado continuidade aos estudos gramaticais (pois havia outros conteúdos levantados das produções que deveriam ter sido trabalhados), respondeu-me que precisava "avançar" com a matéria. Isto deixou claro que a metodologia de ensino trazida pelos Referenciais Curriculares da rede Sesi-SP e vivenciada na formação continuada ainda não estava compreendida."

"No relato das atividades no plano também não se conseguia 'enxergar' os procedimentos metodológicos. Não ficava claro como as aulas iam acontecer. O texto explicativo das aulas era o mesmo para todos os ciclos. Se acreditamos que cada aluno aprende de um jeito e em ritmos diferentes, onde estavam as propostas de atividades diversificadas?"

"A professora M. me mostrou uma avaliação que **me deixou intrigada pela quantidade de gramática normativa.**"

"**Ao ler o plano, fiquei pasma.** Trabalho com tema transversal. Não havia problema com expectativas, mas não havia conteúdo." (grifos meus)

A comunicação dos sujeitos desvela, nesses relatos, principalmente, uma indignação quando se deparam com ações dos professores que repetem práticas já discutidas pelos analistas pedagógicos nos encontros de formação. Nesse aspecto, chamo García (1999, p.47) para explicar as constatações das dificuldades dos professores em mudar, ou seja, "os professores não são técnicos que executam instruções e propostas elaboradas por especialistas".

Assim, a indignação dos analistas pedagógicos frente às práticas de ensino dos professores denota que não se deram conta da impregnância da subjetividade dos professores, ou seja, parafraseando Tardif (2002), o "professor de profissão" não é um profissional que aplica conhecimentos produzidos pelo outro, mas um sujeito que assume seu fazer, a partir dos sentidos que ele mesmo lhe dá, sentidos aprendidos com suas próprias histórias de vida escolar e provenientes, também, das suas práticas.

As diferentes atividades e relações vividas pelos sujeitos nem sempre impactam em uma nova forma de agir. Nesse caso, o sujeito está enfrentando uma situação de divergência entre o pensar, sentir e agir, marcada pelo conflito entre a possibilidade do novo e a continuidade. Como esclarece Aguiar (2002, p.108):

> Nesse processo de objetivação/subjetivação, que é único e histórico, a realidade social encontra múltiplas formas de ser configurada. Tal configuração pode ocorrer sem desconstituir velhas concepções e emoções calcadas em preconceitos, visões ideologizadas, fragmentadas etc., de modo a não se aprender o novo com toda a novidade que pode conter, a negá-lo, resgatando, assim, vozes que dizem: não faça, não se arrisque, e a promover assim a repetição, a não transformação.

Desse modo, entendo que as declarações dos analistas pedagógicos revelam que os professores, ao negarem a apropriação do novo, provavelmente por conta de concepções há muito arraigadas, das próprias histórias vividas, surge o medo do arriscar-se, optando por permanecer na situação na qual tem domínio.

A negação desses professores é reveladora da complexidade

que é desconstruir velhas concepções, provavelmente, porque "a subjetividade é histórica, constrói-se ao longo da vida do sujeito e, por isso, não pode refletir o imediato" (Aguiar, 2002, p.107).

De outro lado, compreender esse movimento contrário, o da não transformação, possibilita minimizar os sentimentos de perplexidade, de indignação, expostos nas narrativas, como se verifica em relação ao sujeito que se expressou, ao final da escrita, com os sinais "???", o que possibilita, também, pensar em outras alternativas, formas de agir para com essas situações.

Nessas atitudes expressas pelos sujeitos encontro, novamente, eco no quarto princípio de Nóvoa (1988) de que "formar não é ensinar às pessoas determinados conteúdos, mas sim trabalhar coletivamente em torno da resolução do problema".

Talvez, a ausência do conhecimento, por parte dos sujeitos da pesquisa, de que o estado de cisão entre o pensar, sentir e agir de um indivíduo é um dos fatores impeditivos da mudança, não permitiu a eles pensar em encaminhamentos que contribuíssem para que significados se transformassem em sentidos para os professores.

A caracterização da subjetividade propicia entender as ações dos professores presentes nas narrativas do sujeito. Como esclarece Rey (2003), a configuração da subjetividade não se dá só no individual, mas também no social. Assim, quando professores e analistas pedagógicos revelam os seus significados e sentidos que atribuem à realidade vivida, estão demonstrando suas subjetividades constituintes e constituídos por essa realidade. Nesse sentido, como explica Aguiar (2002), para que as mudanças ocorram, não é suficiente o processo de assimilação por meio da linguagem e do pensamento; então, é compreensível que as ações dos docentes ainda não estejam condizentes com a proposta educacional explicitada nos Referenciais Curriculares da Rede Escolar SESI-SP.

Muitos autores declaram que o fato do professor não participar das construções curriculares gera um distanciamento da sua prática em relação às propostas elaboradas por uma equipe central. Todavia, aqui, a despeito do professor ter participado da construção da proposta educacional da rede escolar SESI-SP, em um movimento de discussão, de estudos e até mesmo de validação dos referenciais curriculares durante aproximadamente dois anos e meio, sua prática docente permaneceu permeada pela concepção de um ensino meramente transmissivo, conforme constatado pelos analistas pedagógicos. Fica claro que a transformação de uma prática de transmissão para uma prática de processo depende de uma pluralidade de fatores, transformação que não se sustenta só na participação e tomada de decisões curriculares.

Nesse caminhar, ressalto que apenas um dos sujeitos confessa sua percepção de que professores que repetem práticas apenas informativas, diferentes das propostas nos encontros de formação, não causam "surpresa":

> "Nesse momento, constatei, confesso que sem muita surpresa, que existe **uma grande distância entre o que temos trabalhado nos encontros e o que de fato ocorre na sala de aula**, pois na verdade é muito difícil romper com concepções arraigadas

que, por tanto tempo, povoam o imaginário do professor." *(grifos meus)*

É possível perceber que esse sujeito entende a formação como um processo e, como tal, transformar concepções é complexo e exige tempo. Essa declaração permite inferir que há um deslocamento do pensar do sujeito, da avaliação de resultados de um programa, para colocar o sujeito em formação no centro desse processo. Registros como estes podem tornar-se um instrumento de avaliação formadora, quando possibilita ao sujeito tomar consciência das contribuições de um processo formativo e, notadamente, das regulações e autorregulações enquanto resultado do seu próprio poder de formação (Pineau, 1988).

Por outro lado, é necessário ressaltar os deslumbramentos, as manifestações de alegria, de êxtase dos sujeitos, quando verificaram os resultados positivos obtidos nos trabalhos com os alunos:

"**Interessante foi perceber o quanto os alunos mudaram em tão pouco tempo** (deixei a sala de aula há apenas quatro anos). Enquanto professora, vivi um período 'tenebroso' de transição entre o velho e o novo e a sensação que tive durante a vivência no projeto *in loco* é de que este período já passara."

"Neste momento, vibrei com o resultado, pois a concepção de se construir a regra com a minha mediação fora possível."

"Além de o aluno participar da atividade reflexivamente e

construir a regra, ele ainda ampliou o conteúdo sobre pontuação, partindo para o significado do texto, dizendo que cada ponto era utilizado de acordo com o propósito do autor e que, portanto, em muitos casos, a regra seria até transgredida."

"Os objetivos traçados tinham sido superados. Era como se eu tivesse ganho um presente que quisesse tanto..."

"Grande foi a minha surpresa ao retornar aos textos refeitos pelos alunos. A melhora foi instantânea! Ri sozinha, pois estava na biblioteca fazendo a leitura dos trabalhos."

"Foi realmente impressionante descobrir o que aquelas crianças já sabiam sobre a escrita."

"Enfim chegou o dia de realizar uma atividade com as crianças; levei-as para a biblioteca e trabalhei com elas contando também com a presença da professora e da bibliotecária. **Fui realizando a atividade e observando cada reação das crianças. Elas estavam tremendamente mobilizadas (talvez precisasse ser um pouco mais modesto, mas foi assim que meu olhar as viu)**."

"As horas seguintes são extremamente interessantes para mim [...] Estar em contato com as crianças, perceber que o planejado é plausível, que mais do que procedimentos metodológicos existe uma postura que deve ser cultivada. Não é fácil, mas não é impossível. [...] O envolvimento dos alunos e a participação deles são contagiantes e compensadores. Sente-se o propósito de estar lá. Não há indisciplina. Há uma inquietante manifestação de interesse e aprendizado. As crianças sentem-se desafiadas, mostram o que sabem. Há uma troca de conhecimentos."

"Em certo momento da aula, fiquei impressionado e emocionado com um aluno que fez um relato sobre um acontecimento que levou a vida de seu pai.[43] E no decorrer da atividade, foi me dando uma grande satisfação porque houve mobilização". (grifos meus)

De formas diferentes, todos expressam sentimentos de satisfação com os resultados obtidos nas suas atividades com alunos. Parece-me que os analistas pedagógicos, ao depararem com as produções positivas dos alunos, desqualificam seus medos iniciais, pois percebem que é possível o aluno aprender, participar, estar envolvido quando as propostas de trabalho não estão restritas à mera transmissão de informações; denotam suas alegrias, orgulho com o seu próprio fazer.

Da análise dos registros, já descritos, depreendo que a identidade pessoal e profissional do educador é moldada nas vivências, nas interações com os formandos a partir de dados objetivos.

---

[43] Esse analista pedagógico estava trabalhando com a questão das drogas e o aluno fez um relato de um acontecimento que culminou com a morte do pai.

Identidade, como um processo de construção da sua forma de ser e de professar a sua profissão. Esse é um processo que precisa de "tempo para refazer identidades, para acomodar inovações, para assimilar mudanças" (Nóvoa, 1995, p.16).

Nesse sentido, a subjetividade do sujeito constrói-se produzindo saberes práticos que auxiliam a construção da sua teoria.

Assim, acredito que os sentimentos de êxito, de "deu certo", de satisfação, expressos pelos analistas pedagógicos, na vivência das próprias atividades, podem estimular sua constituição como pessoa e sua criatividade para a elaboração de saberes que contribuam com os sujeitos nos momentos de pensar as ações formativas para os professores.

Outro aspecto que julgo relevante, no eixo dos sentimentos desvelados, é o representado nas seguintes falas:

"O que me deixava muito feliz e me ajudava a me sentir mais potente foram as vezes em que as professoras diziam a seus colegas de trabalho que valia a pena ter um analista trabalhando com eles, pois estavam 'aprendendo muito e abrindo suas cabeças'. Esses depoimentos eram dados sempre na hora do café."

"Estar na escola é contagiante, é engraçado como dá vontade de permanecer mais tempo [...]. Isso porque parece que quando entramos no ritmo já é hora de parar, e ficamos com a sensação de que queremos dar continuidade, de que podemos fazer alguma coisa diferente, que podemos melhorar ainda mais..."

"Em relação à minha formação, veio confirmar que **o que estudamos é aplicável, é mais atraente para os alunos.**"

"Mas valeu no momento em que estava na frente da atividade, acho que me dei bem."

"Posso afirmar com toda a certeza de que quando vou para a sala de aula trabalhar com as crianças e com a professora não vou mais somente como professor, trago minha experiência de formador."

"Senti-me mais segura com relação ao que estava propondo, é como se tivesse um maior domínio daquilo que estava fazendo." (grifos meus)

Os trechos de relatos aqui apresentados evidenciam um sentimento de autoeficácia à medida que o sujeito é avaliado pelo professor-formando sobre o seu fazer com ele; reconhece no ambiente da escola possibilidades de colocar suas práticas a serviço de uma melhoria da ação docente; se dá conta que a relação teoria/prática é possível; admite que a sua experiência de formador é importante e necessária no contexto da sala de aula; e percebe um maior domínio do seu próprio saber-fazer. Assim, os sujeitos desvelam um poder de competência diante de resultados obtidos, na vivência da experiência de suas atividades, em um contexto da realidade dos alunos e dos professores.

Essas revelações me fizeram pensar nos ensinamentos de Bzuneck (2000), de que a mudança de comportamento para enfrentar situações que o indivíduo julgue como difíceis se dá quando ele tem senso de autoeficácia.

Nesse aspecto, é interessante observar que o analista pedagógico, antes de iniciar suas atividades no desenvolvimento do Projeto *in loco*, declara medo, ansiedade em voltar à sala de aula, para posteriormente confessar "me senti mais potente", "mais segura", que "se deu bem".

Assim, penso que foram os seus sentimentos de autoeficácia, isto é, suas crenças sobre sua capacidade para executar os objetivos propostos, suportes não só para executar a tarefa, como também geradores importantes para viver as experiências no contexto escolar.

Desses recortes narrativos, destaco o sentimento de um dos sujeitos ao revelar como momento importante para ele o fato de que o professor-formando com quem ele está interagindo o avalia de forma positiva, reconhecendo a ação do analista pedagógico como importante para sua prática de professor. Essa avaliação, sob o meu ponto de vista, traz uma importante informação: a contribuição para autoestima do próprio professor, importante para a formação da sua identidade e a possibilidade de colocar em movimento, no contexto escolar, tanto os referenciais curriculares do Sesi-SP, como as propostas discutidas nos encontros de formação.

Outro aspecto que destaco é a identificação de êxito na experiência vivida pelo analista pedagógico, pois pode ser um fator determinante para impedir, talvez, que as dificuldades e contradições se constituam em uma ameaça significativa do seu fazer de formador de formadores; entendo que o sentimento de que é possível, mobiliza o sujeito para tentativas de mudanças em suas práticas.

É interessante observar a revelação de três dos sujeitos quando declara que:

> "No momento que assumi as orientações das atividades, pude relembrar de **quando era professora e senti muito prazer nisso, uma vez que percebi o interesse das crianças em aprender e participar da atividade que havíamos planejado**. Por outro lado, e embora distante da sala de aula há praticamente quatro anos, **me senti mais segura com relação ao que estava propondo, é como se tivesse um maior domínio daquilo que estava fazendo**."

"Um sentimento que me acompanhou no início dessa etapa profissional refere-se a essa passagem para analista pedagógica, **pois sentia** que necessitava de conhecimentos que não havia construído durante a minha trajetória enquanto professora. **Porém, mais tarde, conhecendo as atribuições inerentes ao cargo, acredito que tais conhecimentos ajudam muito em meu desempenho como formadora**."

"**Comecei, então, a dialogar com o meu interior e perceber mobilizações que há muito tempo não via**. Relembrei meu tempo de professor, buscando leituras e atividades que desafiassem meus alunos e os mobilizassem (**eu estava revivendo meu lado "professor" e isto era muito prazeroso para mim!**)" (grifos meus)

A reflexão desvela muito mais seus sentimentos que sua própria ação. Essa atitude é explicada por Gómez (200, p.370), quando diz que é bem possível reconhecer a impossibilidade no processo de reflexão na ação, de separar os elementos racionais dos emotivos, porque o sujeito "encontra-se envolto pela situação problemática que pretende, em alguma medida, modificar e, por isso mesmo, é sensível, afetivamente sensível".

Ainda em relação aos sentimentos descortinados, é interessante observar que os deslumbramentos dos sujeitos, expressos por sentimentos de alegria, de motivação, estão imbricados aos resultados de suas próprias intervenções. Vejamos:

"Foi quando um aluno perguntou se havia possibilidade de utilizar **outros pontos na mesma oração**. Pedi o exemplo. Ele fez com segurança e imediatamente percebeu que, **mudando o ponto, mudaria o sentido da oração** e que tudo dependia da intenção de quem estava escrevendo. **Sucesso total!**"

"Mais uma vez as crianças demonstraram que sabem mais do que pensamos sobre a escrita, e que, a todo o momento, estão levantando hipóteses de como se escreve convencionalmente."

"É possível, sim, estabelecer uma metodologia de ensino que

leva o aluno a construir conceitos partindo do que ele traz de conhecimento sobre o assunto."

"Meu deslumbramento com o projeto foi perceber que é possível trabalhar com o que é proposto na formação e nos Referenciais Curriculares, com algumas adaptações, é claro, e ter resultados positivos. Outro aspecto que também me encantou foi a possibilidade de ouvir o professor com mais calma e atenção, uma vez que durante o projeto a aproximação professor/analista é bem mais efetiva".

"Ensinar em uma proposta construtiva e reflexiva leva o aluno, de fato, a uma aprendizagem significativa."

"A minha maior surpresa foi quando a professora R. se levanta e continua a minha atividade propondo questões que estavam diretamente de acordo com a proposta teórico metodológica que eu estava defendendo. Fiquei olhando-a e comecei entender o quanto aquele momento tinha sido importante para ela e para mim. Ela tinha visto a articulação da teoria com a prática, e eu, como ela, aprendia."

"Já no CE, fiquei encantada com a professora que é muito estudiosa e interessada e mesmo vindo do ciclo I conseguiu identificar nas expectativas de ensino e aprendizagem todos os conteúdos que devem ser trabalhados no ciclo. Neste momento, não sei se teria algo para retomar no encontro com ela.".

"Fiquei deslumbrado com os alunos, pois quando retornei à sala de aula depois de algum tempo fora dela, percebi que havia uma diferença nos alunos, eles mudaram; são mais questionadores e contribuem muito para aula, discutem, tem ótimas ideias, são mais ativos e adeptos as novas tecnologias." (grifos meus)

Essas declarações parecem demonstrar uma coerência entre o discurso dos sujeitos e as atividades desenvolvidas por eles e, principalmente, a descoberta da possibilidade dessa coerência. A descoberta dessa possibilidade desvela-se quando, na observação, o sujeito percebe que atingiu seu objetivo derivado da sua atividade com o aluno; na constatação de que as crianças têm capacidade de aprender; no entendimento de que a metodologia por ele utilizada possibilitou a aprendizagem dos alunos; na validação das propostas discutidas nos encontros de formação com professores; na percepção da ação do professor articulada à teoria estudada e nas mudanças que observou nos alunos.

Nesse particular, ressalto que o sujeito se apropria de seus sentidos a partir de sua atividade (Gonçalves, 2001, p.72). Desse modo, infiro que, a despeito da complexidade, é possível formar e ser formado pelo outro, quando há um esforço dirigido ao encontro do outro, entendendo seu próprio processo e, também, do outro sujeito; surpreender-se, deslumbrar-se, ser capaz de individualizar, mesmo que o coletivo esteja em torno de quarenta indivíduos.[44]

Finalmente, os sentimentos de autoeficácia, de deslumbramentos, de estranhamentos, de dúvidas, de incertezas, de decepção e outros apontados pelos sujeitos nesta investigação, no meu entender, também são elementos constitutivos do processo de autoformação porque não despontam sozinhos, mas carregam explicações, informações, questionamentos que possibilitam ao sujeito pensar seus próprios processos; fornecem subsídios às regulações necessárias para suas práticas formadoras, ou seja, permite uma tomada de decisão em relação aos seus sistemas-referência: ampliando-os ou modificando-os.

Eixo 3 – Saberes produzidos e sentidos revelados em relação à sua ação, ao Projeto *in loco*, ao professor, ao aluno, às ambiências

O que significa essa busca por saberes e sentidos produzidos pelos sujeitos em relação à sua ação, ao Projeto *in loco*, ao professor, ao aluno e à sua ambiência e à ambiência escolar? Nessa busca, pretendo encontrar as revelações dos sujeitos sobre suas interpretações dos significados que vivem na ambiência do seu ofício de formador de formadores e na ambiência da escola, local no qual desenvolveu suas atividades com aos alunos. Nessa interpretação e reinterpretação da realidade que vive, pretendo identificar as aprendizagens que

---

[44] Em geral, 35 é o número de alunos em uma classe ou o número de professores nos encontros de formação da rede escolar Sesi-SP.

emergem como possibilidades de autoformação. Dessa forma, por meio das expressões dos sujeitos declaradas em suas narrativas, busco extrair as criações dos analistas pedagógicos, ou seja, as produções de sentido, expressas pelos sujeitos de forma singular em relação aos complexos processos da sua realidade, dos quais é constituinte e se constitui. Como explicitado em um dos pressupostos de Moita (1995, Pressuposto 1), que balizam o desenvolvimento da abordagem biográfica, o "papel do investigador é fazer emergir o(s) sentido(s)" que cada um dos sujeitos pode encontrar nas múltiplas relações que vive.

Nesse eixo, os analistas pedagógicos revelam seus saberes e sentidos da formação para o cargo de analista pedagógico, principalmente, no processo e na fase final da vivência no Projeto *in loco*, em relação à sua ação, ao Projeto *in loco*, ao professor, ao aluno, ao ambiente e aos seus pares.

Procurei identificar os saberes apontados pelos sujeitos, sentidos revelados, buscando nas narrativas as expressões invadidas pelo seu saber pedagógico, seu saber-fazer, seu saber-conviver e seu saber-ser. Nesse contexto, iniciei minha busca pela análise das narrativas individuais elaboradas no período que antecedeu ao "Projeto *in loco*" e os dados contam que os analistas pedagógicos, nesse período, se referem a muitos conhecimentos relacionados à teoria e aos saberes, sentidos produzidos decorrentes das relações com seus pares, com o seu ambiente de trabalho e com os professores nos encontros de formação, como evidenciam os seguintes relatos:[45]

"No meu convívio com o grupo de analistas, tenho aprendido a conviver. Não é tarefa fácil; ceder nem sempre é característica do ser humano e dividir é uma virtude que tenho tentado colocar em prática".

"Com o meu grupo, especificamente, tenho compartilhado minhas experiências em sala de aula, com o grupo de professores, discutido os entraves encontrados ao longo da formação, tirado dúvidas sobre conceitos específicos das áreas de conhecimento".

"Penso que é imprescindível, em um processo de formação continuada, estabelecer um diálogo com a prática de sala de aula, rompendo com a repetição de discursos prontos e desvinculados da realidade. Quando utilizo a estratégia de trazer atividades de crianças e fazer recortes de sala de aula, percebo que isto é muito bem-visto pelos professores, pois é como se um véu se rasgasse diante deles (parece-me que eles se veem nas atividades)."

"A atividade de formação é uma estrada de mão dupla. O ser que aprende deve estar disposto. Isto é, querer mudança, acreditar que precisa acompanhar a ciência, ver seu papel como

---

[45] Nestes fragmentos narrativos, não destaco os grifos, dado que, a inteireza das falas traduzem os aspectos analisados como fundamental para a compreensão do eixo.

alguém mais do que simples transmissor. A formação deveria passar por aí, nas representações que as pessoas têm de si como profissionais e como encaram a própria profissão."

"[...] Os conhecimentos que tenho construído durante esse processo são relacionados tanto ao desenvolvimento cognitivo quanto às relações interpessoais."

"Com meus pares, o conflito está sempre instaurado, o que aprendi também a ver como algo positivo, pois é dessa diferença de opiniões e às vezes até das diferenças pessoais que surgem boas discussões e, juntos, buscamos a superação dos problemas; aprendi a conviver."

"Meus pensamentos, sentimentos e aprendizagens nos diferentes espaços de formação são de satisfação, orgulho e entusiasmo, as consultorias externas nos dão uma ideia, ou seja, luz para resoluções de situações problemas; nas reuniões com gerente e supervisoras é sempre um desafio, e aprendemos principalmente por ser um espaço para discussões, orientações e encaminhamentos."

Os analistas pedagógicos, assim como apontam aprendizagens com o grupo e com o seu ambiente de trabalho: o compartilhar, o respeitar, o buscar uma convivência, o saber gerenciar conflitos, também dizem de suas aprendizagens com o grupo de professores no ambiente da formação, quando revelam a concepção de formação na busca de mudanças os conhecimentos cognitivos e relacionais que construíram quando falam do seu fazer de formador, ao utilizar estratégias mais próximas da realidade dos docentes, com ênfase no diálogo com o professor.

Dessa forma, nessas declarações os analistas pedagógicos revelam um significado comum, como muito importante, que é o conviver com o outro, seja esse outro seu par, seus líderes ou o professor--formando. Um conviver voltado para a construção de saberes que envolvem o partilhar, respeitar as diferenças, promover o diálogo (discussões). Eles também demonstram uma preocupação em relação ao saber fazer, valorizando um diálogo com ele e com o outro, as representações do profissional em relação a si próprio e à profissão.

Talvez isso explique porque eles têm necessidade de partilhar com os outros sua vivência profissional, o que possibilita uma troca de saberes sobre diversos assuntos, tornando-os profissionais "familiarizados com a cultura de sua profissão" (Tardif, 2002, p.101).

É importante ressaltar que, ao revelar suas aprendizagens, eles também desvelam suas emoções geradas nos seus diferentes espaços sociais de trabalho, expressando suas diferentes formas de participação no complexo processo do ofício.

Nesse aspecto, a vivência dos analistas pedagógicos nas diferentes ambiências de educação orienta a compreensão tanto do cognitivo como do afetivo, fazendo emergir mais sentidos e significados após a vivência no Projeto *in loco*:

"O que vemos ser trabalhado na escola hoje são as teorias da língua que não levam o aluno nem a ser um leitor proficiente nem a ser um produtor de textos competente."

"Os alunos resolvem bem os exercícios de gramática quando está descontextualizada, porque assim lhes é ensinado. Quando é para aplicá-la em suas produções, não consegue. O que se percebe é que a teoria e a prática não se articulam."

"Neste dia discutimos, estudamos e pesquisamos muito. A professora colaborou muito com o meu aprendizado na elaboração de um plano, pensando na proposta dos referenciais. Esta vivência me ajudou muito em relação à minha prática como formador e entender que a elaboração do plano docente na rede Sesi não é uma coisa simples, complexa."

"Por outro lado, comecei a pensar como é diferente quando temos uma atividade planejada e sabemos onde queremos chegar com a mesma, 50 minutos é muito pouco! (aí parei para pensar também nessa questão do tempo.)"

"Outro aspecto que notei durante a realização da atividade foi com relação dos agrupamentos. As crianças sentavam juntas, mas cada um da dupla realizava, sozinho, sua atividade, não havendo, portanto, nenhuma interação ou troca de informações, principalmente as crianças com escrita alfabética. Resolvi mudar a estratégia. [...] Do ponto de vista pedagógico, foi mais produtivo, porém, percebi que esse procedimento precisa ser melhor trabalhado [...]"

"Há um movimento, inquietações [...] No meio de nós, professor e analista, há 40 alunos chamando por aulas mais movimentadas, mais instigantes, mais significativas."

"Em uma atividade me lembro de algumas alunas me mostrarem o trabalho que estavam desenvolvendo; percebi que elas foram até além do que pedimos, fizeram ótimas pesquisas e suas ideias nos superaram."

Foi muito interessante perceber o *insigth* de muitos professores que diziam: 'Ah! Então é assim que se usa este documento?' ou 'Agora sim estou entendendo para que ele serve'. **Fiquei muito satisfeito com este momento e pude até perceber alguns avanços em planos docentes de minhas professoras.**"
(grifos meus)

Nesses relatos, os analistas pedagógicos demonstram que aprendem a importância de pensar sobre o aprender a partir de um processo de ensino e de aprendizagem no qual a teoria precisa estar à serviço da prática. Nessa questão, chamo o quinto princípio-referência para formação de adultos expresso por Nóvoa (1988, p.129), pois a formação implica, também, a preocupação em desenvolver competências para mobilizar em situações concretas os recursos teóricos e técnicos apropriados em formação. Assim, o fato de os analistas pedagógicos expressarem a importância da teoria estar organizada com a prática, pode-se constituir em uma possibilidade de rever a sua própria prática de formador.

Nessa perspectiva, percebi que sentidos e significados, referentes à teoria, são definidos no contexto vivido pelos analistas pedagógicos, à medida que se sentem inquietados ao perceberem que a teoria isolada da prática não sustenta o convencimento para mudar.

"Lidamos com sujeitos, cada um com sua história, suas experiências, seus saberes etc. e, dessa forma, é esperado que cada um, a partir da sua realidade, reconstrua conhecimentos para utilizá-los na sala de aula; porém, acredito que, como formador, isso me incomodou e percebi que não basta falar somente sobre teorias nos encontros de formação..."

"Em outras palavras, não convencemos os professores com uma linguagem só teórica. Temos que incorporar a prática, mostrar os procedimentos nas atividades reais, traduzir para o dia a dia. Claro que aliada a esta prática mais próxima do dia a dia, podemos levar a teoria para que eles possam avançar [...]"

"[...] percebi que não basta falar somente sobre teorias [...] É preciso incentivar o professor... ouvi-lo mais." (grifos meus)

Esses sujeitos explicitam que se apropriaram de sentidos e significados que, certamente, farão a diferença em seu ofício de formador quando se dão conta de que, para a formação de professores, a teoria sozinha não basta, ou seja, a dimensão técnica não é suficiente para as propostas de formação continuada de professores, porém, há uma pluralidade de dimensões, no entanto, revelam a complexidade da articulação teoria/prática, quando vivem o fazer compartilhado com o professor e com o aluno. Revelam, ainda, que outros aspectos têm influência nessa complexidade, como a questão do tempo da duração de aula, o número de alunos por classe, as inquietações nos movimentos da aula. Enquanto a dimensão afetiva está presente na ampliação dos sentidos, na medida em que eles contam da satisfação com os avanços, tanto dos alunos como dos professores, e nas inquietações, frente à complexidade da ambiência escolar.

No discurso desses sujeitos, é possível perceber os modos singulares com que esses narradores destacam os seus sentidos durante a experiência no contexto da sala de aula, dado que esses sentidos demonstram a maneira pessoal como cada um viveu as interações no Projeto *in loco*, refletindo um modo de pensar, sentir e agir a partir das próprias necessidades, embora partilhando significados comuns; observa-se que eles compreendem e interpretam as novas situações que os afetam por meio das suas próprias ações, oriundas de suas experiências formadoras. Nesse sentido, Josso (2004) diz que a lógica da formação "é a da sua integração e da sua subordinação negociada", o que explica as diferentes aprendizagens denunciadas pelos sujeitos na vivência de contextos socioculturais análogos. É o que Placco (2004) chama de sincronicidade das dimensões da formação.

Os diferentes sentidos revelados, durante a execução do Projeto *in loco*, alguns com foco na aprendizagem dos alunos, outros no professor, sinalizam a subjetividade desses sujeitos em ação, ou seja, os conteúdos destacados correspondem a descobertas provenientes da própria atividade, e da atividade com o professor, com os alunos, dos seus saberes mobilizados no desenvolvimento das atividades, no contexto escolar. (Tardif, 2002).

Ainda, após a vivência do Projeto *in loco*:[46]

"Ganhar a confiança das professoras e fazê-las nos ver como parceiros de trabalho é um processo longo que requer do analista desenvolver muitas habilidades (escutar, principalmente)."

"A reflexão sobre algumas questões trazidas pelas professoras, relacionada às teorias que estudei, ajudavam a modificar práticas tradicionais e, na troca de experiências, conseguia dar alguns encaminhamentos para práticas nem sempre bem-sucedidas."

"Comecei a me questionar sobre a funcionalidade deste projeto e vi que nesta dinâmica quem saiu ganhando na maior parte das situações fui eu, pois estava tendo a oportunidade de colocar em prática as teorias e os conceitos que foram abordados no encontro."

---

[46] Vide nota de rodapé 45

"[...] Posso dizer que essa experiência foi muito útil; infelizmente, não tenho muito tempo para voltar, pelo menos uma vez por semana, para esse atendimento individualizado (professora-analista) onde os dois aprendem e se complementam, onde a discussão ganha outro caráter, que é o de ver o que discutimos na teoria, concretizar-se no dia a dia."

"[...] Momento de intensa aprendizagem tem sido o Projeto *in loco*, no qual tenho a possibilidade de ouvir o professor, suas dúvidas e representações, além de colocar em prática atividades que planejamos de forma 'idealizada'."

"Quanto ao projeto, foi desafiador para mim [...] pude perceber na pele a dificuldade do professor da rede que trabalha em três períodos e tem que dar aulas significativas todos os dias [...]"

Vários são os sentidos apontados pelos analistas pedagógicos: obter a confiança dos formandos pressupõe desenvolver a habilidade da escuta; a troca de experiências com os professores aliada à teoria estudada possibilita mudar práticas dos formandos; a valorização da própria experiência para a sua aprendizagem, quando desenvolve ações planejadas, quando ouve o professor e sente as mesmas dificuldades; a possibilidade de validar as próprias concepções; a vivência de uma aprendizagem compartilhada com o formando; a importância de dar voz ao professor e perceber as dificuldades dele e, ao mesmo tempo, questionar-se na vivência de suas práticas, no enfrentamento da realidade das condições para exercer a sua profissão.

Vale acrescentar que os analistas pedagógicos também revelam seus sentidos à medida que identificam, em relação aos seus processos, evolução e progresso como formadores:

"Hoje me **vejo mais amadurecida. Percebo o quanto cresci com a experiência de viver em 'outro mundo'**, discutir questões com diferentes vivências, vencer dificuldades, transpor barreiras."

"**A cada dia vivido, cada reflexão feita, cada texto lido fizeram de mim uma pessoa um pouco melhor,** com algumas 'recaídas', é claro, afinal, ainda sou um ser humano em constante processo de transformação."

"[...] **Pensar no objetivo do Projeto** *in loco* **e também me fortalece, ampliando meu conhecimento** específico da área, pois acredito ser essa a melhor forma de melhorar a minha capacidade argumentativa e vislumbrar estratégias diferentes."

"**Comecei a ver estas questões com outros olhos,** percebi que os professores traziam apelos legítimos e que a escola e o contato com os alunos trariam uma ampliação de horizontes."

"É inegável que as crianças de hoje são diferentes daquelas que deixei há alguns anos atrás para iniciar-me na educação de jovens e adultos. **Mas sou também diferente: mais paciente mais reflexiva. Tenho mais consciência que a minha prática** está embasada em uma teoria. Será essa a grande descoberta?"

"Tais questões só puderam ser suscitadas devido ao olhar diferenciado e atento que acredito ter desenvolvido durante esse tempo enquanto formadora e também pela possibilidade de trabalhar no decorrer do Projeto atividades "idealizadas" com alunos reais."

"No segundo dia do Projeto, fomos para a sala de aula e tentei fazer um exercício que era ora observar a professora, ora tentar me observar enquanto explicava ou realizava intervenções com os alunos." (grifos meus)

Nesses fragmentos narrativos, os analistas pedagógicos demonstram a percepção de si após a experiência de mais de três anos no ofício de formador de formadores e na vivência do Projeto *in loco* ao afirmarem que estão mais "amadurecidos", mais pacientes, que se sentem diferentes, que desenvolveram outros modos de olhar as próprias práticas. Provavelmente, essas percepções são derivadas da articulação entre os saberes dos quais eram portadores com as experiências vividas no novo ofício, com as quais os sujeitos se identificam e se diferenciam por meio das próprias atividades; quando se comunicam na relação com eles mesmos, com o outro e com o novo ambiente.

Nesses relatos, parece-me que os sujeitos se dão conta de que as suas práticas profissionais são consideradas um espaço de produção de competências, de saberes, consequência de uma formação continuada, baseada em situações vividas como formador e na vivência da experiência com o Projeto *in loco*.

Essa análise evoca o segundo princípio, estabelecido por Nóvoa (1988), de que "a formação é sempre um processo de transformação individual (...)"; o que é corroborado pelo próprio sujeito da pesquisa quando, no início, declara que sua compreensão é a origem dos seus estudos e experiências vividas nas mais diversas relações.

Os determinantes para esse novo olhar sobre si mesmo, no meu entender, estão ancorados na implicação do sujeito no seu próprio processo de formação, na sua preocupação por ocupar uma outra função na carreira do magistério, como declara um dos sujeitos:

> "**Nas formações com a gerência, ficava muito claro a concepção de ensino da rede, a postura do formador, a política do acolhimento enquanto formador, a coerência da fala com a ação, a responsabilidade de representar a sede no contato com os professores nos centros educacionais.**" (grifos meus)

Diante das necessidades do próprio ofício (formador de formadores), o sujeito é mobilizado para a busca de outros saberes que lhe permitem ampliar competências, sem as quais não terá condições de dar conta das suas atribuições na função.

A percepção dessa mobilização encontra-se, também, nas expressões que apontam o querer mais tempo para suas vivências no contexto da sala de aula:

> "[...] **Com vontade de poder ficar ali mais tempo para co-**

laborar ou até para saber se eu conseguiria fazer de forma diferente."

"[...] Posso dizer que essa experiência foi muito útil; infelizmente, não tenho muito tempo para voltar, pelo menos uma vez por semana, para esse atendimento individualizado (professora-analista) onde os dois aprendem a se contemplar [...]"

"Outro ponto que me incomodou foi não ter um tempo disponível para conversar com a professora, já que, na maioria das vezes, não havia ninguém para ficar com os alunos enquanto discutíamos sobre o planejamento das atividades ou no momento da avaliação do trabalho."

"Porém, não foi possível retornar à escola para vivenciar esta atividade com a professora por conta da demanda interna."

"Estar na escola é contagiante, é engraçado como dá vontade de permanecer mais tempo."

"Bateu o sinal. Que pena! Não houve tempo para concluir o assunto. Uma aula de 50 minutos é insuficiente para dar conta de tanto trabalho." (grifos meus)

A revelação da necessidade de mais tempo para as suas atividades na ambiência escolar, no meu entender, denota que esses analistas pedagógicos se encontram em um movimento de reflexão sobre o próprio fazer, de reflexão sobre si, da procura de uma melhor apropriação de saberes para o desenvolvimento do ofício de formador. A análise empreendida nas narrativas coloca em evidência que os saberes produzidos pelos sujeitos da pesquisa decorrem não só de seus estudos, de suas diversas interações com o outro, mas também da reflexão sobre a sua própria prática, inclusive, da reflexão da prática ocorrida na sala de aula, na qual foi possível sentir a complexidade, as contradições, as dúvidas, as possibilidades, os sucessos de uma prática que pretende colocar o aluno no centro do fazer pedagógico. É o que revelam esses registros:[47]

> "Me vi diante de um novo desafio. Tinha que elaborar atividades que ao mesmo tempo ajudassem os alunos da professora R. a avançar na construção do conhecimento da língua e que estejam de acordo com a metodologia assumida por nós."

> "O contato com as crianças e com o fazer dos professores é decisivo para instrumentalizar-me em minhas intervenções [...]"

> "Os alunos apresentaram suas tarefas de maneiras diferenciadas. Perceberam que havia várias possibilidades de pontuação. Umas estavam adequadas, outras nem tanto."

> "E isso pude vivenciar durante o projeto. A dinâmica da sala

---
[47] Vide nota de rodapé 45.

de aula exige que se tome decisão quanto às atividades planejadas, por isso acho necessário ter claras as várias possibilidades de se realizar as mesmas atividades."

"Percebi isso em uma das professoras; o relacionamento era excelente, mas nem sempre ela tinha claro o conteúdo que queria que os alunos aprendessem. Então, suas aulas ficavam só nas atitudes e valores que ela julgava importantes. Conclusão: perdia grandes oportunidades, visto que os alunos eram extremamente curiosos, abertos à aprendizagem."

"A partir do plano das professoras, propus uma estratégia de trabalho com o paradidático citado, visto que já tinha conhecimento das expectativas que as professoras pretendiam atingir neste bimestre."

"Quando me sentei com um aluno, percebi naquele momento que um questionamento meu à professora sobre o texto trabalhado estava errado [...]"

A análise dos dados contidos nessas declarações indica que os analistas pedagógicos vão produzindo saberes por meio de uma reflexão intencional sobre as diversas situações vividas em sala de aula, na medida em que defrontam-se com o desafio de articular atendimento às necessidades do professor e dos alunos com a metodologia de ensino que professam; percebem que as relações com professores e alunos promovem a instrumentalização de suas intervenções e que, por outro lado, nem sempre suas intervenções contemplam todos os alunos; entendem a complexidade da dinâmica da sala de aula; distinguem a necessidade de aprofundar conteúdos; enxergam possibilidades de ampliar seus saberes a partir dos saberes do professor e, ainda, se dão conta dos próprios erros ao observar as atividades realizadas pelos alunos.

Nesse contexto, é possível identificar uma preocupação comum entre eles: o aluno. Essa preocupação se manifesta em diversos aspectos: um trabalho de coerência com a metodologia assumida, sentidos que o aluno traz para as intervenções que se fazem necessárias, a busca de atividades diversificadas, a preocupação com o docente que trabalha conteúdo na superficialidade.

Nas relações que o formador de professores estabelece nesse contexto escolar por meio do pensar, vivenciar, experimentar suas proposições de formação, ele, intencionalmente, realiza uma "teoria-prática" reflexiva ao analisar com profundidade e criticidade os movimentos da ambiência escolar. No meu entender, amplia saberes e sentidos quando os analistas pedagógicos compreendem esses movimentos, porque há um mapeamento dos problemas que denuncia pistas para a reelaboração dos processos de formação e de autoformação.

Percebo, nessas reflexões, que os analistas pedagógicos produziram saberes sob vários aspectos, já descritos, derivados de seus estudos e dos vários contextos de formação: com os pares, com os professores nos encontros de formação e nas diversas ações desenvolvidas com a gerência de supervisão de ensino do Sesi-SP. Todavia, foi no contexto da sala de aula, na vivência das próprias atividades em interação com professores e alunos que os sujeitos da pesquisa puderam se apropriar de saberes mais próximos do movimento da educação escolar. Assim, os saberes apontados são derivados do espaço do cotidiano escolar para o cotidiano escolar e a própria validação dos modelos organizativos de aprendizagem discutidos nos encontros formativos com os professores da rede escolar Sesi-SP geram possibilidades para romper com uma prática meramente transmissiva.

Inspirada em Josso (2004), penso que esses saberes podem constituir-se em "recordações-referência", pois se trata de uma experiência de autoformação impregnada de sentidos oriundos de um fazer com alunos reais, podendo contribuir como referências para a construção de outros sentidos nos processos formativos dos professores.

Um exemplo de referência aparece de forma clara quando um dos sujeitos relata:

> "Depois da aula que me dei conta que não tinha tido problemas com indisciplina. Todos estavam envolvidos. Havia feito o combinado com eles de que levantassem as mãos quando quisessem se posicionar e que respeitassem as opiniões dos colegas. Incrível! Atingimos nosso objetivo." (grifos meus)

O analista revela que a atividade desafiadora proposta ao aluno tornou-se tão mobilizadora que uma das demandas recorrentes dos professores, a indisciplina, deixou de ser observada a partir de uma estratégia de combinados. Essa seria uma "recordação-

-referência" a ser pensada para elaborar uma ação formativa de professores, de maneira a incentivar, estimular o ousar, o sair do lugar-comum em busca de outros modelos.

Percebi, ainda, a ocorrência de transações[48] do analista pedagógico com ele mesmo, com o outro e com a ambiência defrontada. Nesse sentido, Pineau (1988, p.74) afirma que a autoformação é "entendida como a construção de um sistema de relações com diferentes espaços".

Assim, essas transações com o espaço da sala de aula, com o espaço do professor e do aluno, afetadas por elementos externos e internos, contribuíram para a construção de significados sobre esses espaços, de forma que os sujeitos da pesquisa, por meio das "recordações-referência", têm a possibilidade de apropriarem-se do poder da própria formação, como sinaliza outro analista pedagógico:

> "[...] as atividades que propomos aos professores precisam ser pensadas em vários contextos. Durante o Projeto *in loco* percebi que as atividades que propomos aos professores precisam ser pensadas com diferentes graus de desafio, pois realizar atividades de alfabetização em classes de 35 a 40 alunos, atendendo à heterogeneidade da sala e realizando intervenções com os alunos, decididamente não é tarefa fácil para o professor." (grifos meus)

---

[48] Transação significa uma intencionalidade que procura se constituir "sendo modelada por" e "modelando" (ao mesmo tempo) por uma pluralidade de situações vividas. (Josso, *Experiências de vida e formação*, 2004, p.43).

Esse relato aponta saberes descobertos ou a descobrir, em relação às peculiaridades estabelecidas entre o espaço da sala de aula e o ensino; não se trata apenas de afirmar a existência da heterogeneidade, mas de uma explicitação do vivido, que pode auxiliar uma melhor compreensão dos processos formativos.

Nesse caminho, inicialmente, aponto fragmentos narrativos de um mesmo analista pedagógico, nos quais percebi uma ampliação de sentidos do período de professor para o ofício de analista pedagógico:

> "Outra questão importante era a do relacionamento. Manter com eles uma relação de confiança e respeito fazia com que meus alunos levassem mais a sério a minha área de conhecimento. A organização das aulas e a 'cobrança' das tarefas pedidas também requeria deles uma postura responsável."

(grifos meus)

O foco dessa fala, apesar de apontar o relacionamento como importante, na verdade demonstra que, para o sujeito, a valorização da área de conhecimento e a "cobrança" das atividades são fatores determinantes para atingir seus objetivos com os alunos, o que explana que o legado recebido por sua vida escolar permanece, ainda, muito forte. Embora o narrado seja a respeito de sua história anterior ao cargo de analista pedagógico, a narrativa ocorre depois de aproximadamente quatro anos de exercício neste cargo.

Em contrapartida, na narrativa desse mesmo sujeito, referente à sua história após tornar-se analista pedagógico, encontro:

"Após todos os estudos que fiz, as experiências que vivi, compreendo que mais importante que ensinar conteúdos conceituais, é preparar atividades que contemplem desenvolver habilidades e competências nos educandos, para que se tornem pessoas capazes de competir no mercado de trabalho e sejam, de fato, sujeitos atuantes para uma sociedade mais humana e mais feliz" (grifos meus)

Comparando as duas declarações, o texto apresenta, aparentemente, uma contradição, ou seja, na primeira declaração o analista pedagógico aponta como importante o relacionamento, mas na verdade está enfatizando o conteúdo. E na outra, ele diz que importante é o conteúdo, porém, pensa o conteúdo como modo para que os indivíduos se tornem capazes de interagir em uma sociedade mais complexa por meio do desenvolvimento de habilidades e competências.

A contradição é aparente porque o sujeito fala, inicialmente, de relacionamento; depois, enfatiza o desenvolvimento de habilidades e competências. No entanto, desde o começo, ele está enfatizando o conteúdo. Assim, o que diferencia, contraditoriamente ao contraditório e a superação aparente da contradição, é que ele está falando sim, de conteúdo, porém, agora, acrescenta ao conteúdo o desenvolvimento de habilidades e competências. A questão do relacionamento, por outro lado, permanece, pois está implícita sua valorização quando o analista pedagógico afirma a importância de se ensinar também competências e habilidades para que os educandos se tornem sujeitos "atuantes para uma sociedade mais humana e mais feliz".

Observei ainda que ele utiliza, na primeira fala, o verbo no passado: "outra questão importante era...", enquanto, na segunda afirmativa, o verbo está no presente: "...compreendo que mais importante [...] é preparar [...]". Entendo aqui que ele faz uma evolução no tempo. Embora não se possa perder de vista que o sujeito achava e acha importante o conteúdo, há uma ampliação de sentidos, pois o analista pedagógico considera que o desenvolvimento de habilidades e competências também é importante.

Assim, a constituição de novos sentidos vai ocorrendo a partir do enfrentamento entre os significados sociais já apropriados e as novas relações vividas, que vão se integrando de maneira contraditória, vez que os sujeitos, na transição, vivem a contradição (Aguiar, 2002).

"E se eu fosso começar de novo...". Feita a pergunta, os analistas pedagógicos, dizem:[49]

> "[...] Se eu tivesse que voltar atrás, problematizaria mais a professor no sentido de questioná-la: com essa atividade proposta, o que seus alunos irão aprender sobre a língua? Como o que está fazendo pode auxiliá-los a escrever melhor (que é a proposta da rede)."

> "Pensando agora no que vivi, gostaria de reviver aquele dia em que presenciei uma avaliação de um livro paradidático que os alunos faziam pela terceira vez e sem condições nenhuma [...] Hoje, com certeza, conversaria com a professora e pediria permissão para

---

[49] Vide nota de roda pé 45.

criar um outro espaço para que os mesmos pudessem desenvolver aquela atividade de outra forma e com minha intervenção [...]"
"Se fosse possível, gostaria de voltar no tempo e iniciar o trabalho por uma boa conversa, pontuando o que fosse possível para o momento."

"E se eu retornasse no passado, voltaria no ano de 2003 no qual tive o primeiro contato com a professora e, devido à minha ansiedade, quis propor à professora uma atividade de meu interesse (modelo organizativo de um encontro de formação) e não escutei muito a professora, sempre afirmando que aquela atividade daria certo. Mas no decorrer da atividade foi me dando muita raiva e, ao voltar no passado, pediria um tempo maior para as atividades, planejar com cautela e tirar da professora como são os alunos."

Esses analistas pedagógicos, em seus registros, revelam que reolhar o vivido possibilitou-lhes descobrir suas omissões e confirmar suas experiências de que poderiam ter se utilizado do questionamento para contribuir com a reflexão do professor, possibilitando-lhes, ainda, confirmar a necessidade de aprofundar o ouvir o professor. Essas declarações demonstram possibilidades de compreensão do movimento do sujeito em relação à sua maneira de reagir, de fazer escolhas diante da acontecimentos inesperados no contexto do cotidiano escolar. Essa reflexão pode ser uma forma do sujeito se apropriar do seu próprio poder de formação, pois, com base nos dizeres de Pineau (1988), permitir um conhecimento melhor dos determinantes constituintes do processo de autoformação pressupõe considerar um conjunto de elementos formadores, pois possibilita que o sujeito compreenda a forma como se apropriou da autoformação: respeitando os seus processos singulares. Comparando as narrativas iniciais (antes do Projeto *in loco*) com as da autobiografia educativa final (após Projeto *in loco*), percebo que houve uma evolução de saberes a partir das atividades desenvolvidas pelos sujeitos com professores e alunos na ambiência da escola. Os recortes narrativos expressos denotam um sujeito que vai se apoderando da própria produção de sentidos, que ora integra os já existentes e ora desfaz de alguns deles para apropriar-se de novos sentidos.

O começar de novo para os analistas pedagógicos não pressupõe um começar do princípio, mas de continuidades: das suas atividades, das suas histórias, do seu fazer realizado, das relações e interações estabelecidas, dos sentimentos. Neste aspecto, concordo com Kosik (1976, p.238):

> "Se a humanidade começasse sempre do princípio e se toda ação fosse destituída de pressupostos, a humanidade não avançaria um passo [...]."

Dessa forma, entendo que, quando os analistas pedagógicos manifestam-se sobre "começar de novo", revelam avanços em suas aprendizagens de saber, saber-ser, de saber-fazer e, principalmente, de saber-conviver à medida que se preocupam com o outro, que apontam cuidados para o seu fazer com o outro.

Essas análises, no meu entender, indicam o movimento da autoformação em um espaço no qual se discutiu o real das relações professor e aluno, integrando as dimensões do seu ser, o conhecimento de suas competências, do seu saber, saber-fazer e saber--conviver; dimensões da formação, enfim.

Sobre essa questão, ainda Pineau (1988) chama a atenção para o fato de que a autoformação corresponde a uma dupla apropriação do poder de formação: tornar-se sujeito e objeto de formação para si mesmo. Esse desdobramento do indivíduo, em um sujeito e em um objeto de formação para si, cria um espaço que possibilita ao sujeito tornar-se e ver-se como objeto particular entre os outros, diferenciando-se, emancipando-se, ou seja, permite autoformar-se.

Assim, nessa experiência formadora, na qual sempre estão presentes saberes culturalmente herdados, há um desvelamento do movimento dialético entre a interioridade e a exterioridade, entre o individual e coletivo, entre o conhecimento teórico e o conhecimento prático apropriado que, a meu ver, permite uma ressignificação constante da subjetividade. Uma ressignificação que pode ser constituída no cotidiano de professores e alunos ao mesmo tempo que legitima uma maneira própria de pensar, sentir e agir, presta-se como fonte de compreensão daquilo que se procura, do que se deseja, de que transformação se quer participar, com o fim de apropriar-se de conhecimentos[50] para dar conta das próprias necessidades e das dos formandos.

---

[50] Compreensão do conhecimento, também, como produção de sentidos.

# Eixo 4 – Sinalização de mudanças: o que levarão para os encontros de formação

O quarto eixo só foi possível de ser identificado nas narrativas finais, quando os analistas pedagógicos elaboram uma síntese dos relatórios produzidos na vivência do Projeto *in loco* e apresentam a autobiografia educativa final.

Ao fazer a análise desse eixo, foi impossível ignorar o movimento ocorrido nos outros eixos, razão pela qual busquei identificar a direção do olhar dos sujeitos e percebi que ora olha para o professor, ora para o aluno, ora para si mesmo, tanto em uma perspectiva pessoal como profissional. Há um conjunto de coisas de que eles se dão conta e que expõem explicitamente e outras que não expõem, mas revelam.

Assim, percebi nas narrativas que há alguns indícios e outros dados visíveis referentes aos aspectos que os sujeitos têm a intenção de transformar em conteúdos formativos nos próximos encontros de formação com os professores da rede escolar Sesi-SP. Vejamos:

"[...] Percebi que não basta falar somente sobre teorias nos encontros de formação ou levar exemplos de 'boas situações de aprendizagem'. É preciso incentivar o professor a expor suas representações durante o encontro, explicitar como está entendendo o que está sendo discutido, ou seja, ouvi-lo mais."

"**Um outro conceito que precisa ser ampliado com os professores é o da intertextualidade.** Hoje se entende que trabalhar a intertextualidade é trabalhar com diferentes gêneros de texto que tragam um mesmo tema. Isto não está errado! O que precisamos entender e tratar com profundidade são as questões defendidas em cada texto, o diálogo de um texto com o outro, diferentes pontos de vista e semelhanças também".

"Isto deixou claro que a metodologia de ensino trazida pelos Referenciais Curriculares da rede SESI-SP e vivenciada na formação continuada ainda não estava compreendida e que seria necessário retomar a concepção do ensino de línguas na formação."

"'Gato e cachorro' já não surgiam mais do nada. Estavam descrevendo os espaços com riqueza detalhes; somente uma coisa ainda não tinha sido superada: o clímax. Percebi que este fator ainda é problema porque falta leitura para os alunos."

"As vezes que me sentei para planejar com as professoras, saí de lá pensando em como daria mais importância ao estudo das expectativas no meu próximo encontro de formação, pois a interpretação da expectativa e o relato do professor sobre como foi o trabalho (e a possível troca com os outros colegas) é de uma riqueza imensa."

"Considero então o grande valor deste projeto, a aproximação entre o analista e os professores, mostrando a possibilidade de se pôr em prática o que colocamos nos encontros."

"Percebemos que o descritor 'localizar informações no texto' é o melhor contemplado pelos alunos. Isto acontece devido ao fato de **os professores, de um modo geral, trabalharem com a interpretação de textos na sua superficialidade, fator este que pretendemos abordar e trabalhar nos encontros de formação continuada.**" (grifos meus)

As evocações desses analistas pedagógicos, cada um a sua maneira, sinalizam questões a serem repensadas nos processos de formação. Essas sinalizações compreendem várias dimensões: percepção da necessidade de ir além nos encontros de formação, ou seja, oportunizar espaços para que os professores explicitem seus pensamentos; necessidade de retomar e aprofundar a compreensão de conteúdos já estudados; a importância de identificar as dificuldades dos alunos diante de determinada aprendizagem; a ausência de práticas de leitura; reflexão sobre como melhorar ações formativas e a valorização de estabelecer um vínculo relacional entre formando e formador. Apontam, ainda, que, por meio das atividades dos alunos, foi possível observar avanço na prática dos professores em relação a algumas questões e, dificuldades em outras.

Entendo que as diferentes dimensões de necessidades apontadas com a intenção de serem mais bem-cuidadas em processos formativos futuros constituem tentativas para a produção de mudanças substantivas nas relações desses sujeitos com a escola, com os formandos e com seus próprios saberes.

Essas declarações denotam que a experiência realizada no dia a dia da escola permitiu ao analista pedagógico descobrir variantes que necessitam ser mais exploradas nos contextos formativos.

Uma das materializações dessa experiência foi a proximidade entre formando e formador na realidade da sala de aula. Essa proximidade constituiu um caminho para desvendar algumas das reais dificuldades dos professores nas mais diversas dimensões do seu fazer pedagógico, bem como os avanços.

Há outras narrativas que também revelam uma preocupação de pensar nas ações futuras, inclusive para o próprio Projeto *in loco*, com vistas a introduzir modificações nos processos formativos.

"**Em um próximo momento *in loco*, pretendo discutir com ela como foi o desenvolvimento da atividade, avaliando os aspectos positivos e negativos,** ler as produções dos alunos para detectar as dificuldades gramaticais, mapeá-las **e planejar exercícios que ajudem os alunos a melhorarem sua produção escrita,** trabalhando também com a estrutura do texto jornalístico, especificamente, a notícia."

"O que me chamou a atenção nas duas salas foi o fato das professoras só trabalharem com uma atividade durante todo o dia, ou seja: não as vi trabalhando com outra área de conhecimento. Não é à toa que as crianças não sabem matemática. **Vou retomar no próximo ano.**"

"Estou iniciando o segundo encontro deste ano de 2004 e já percebo o quanto esta experiência potencializou meu papel de formador. Vou para os encontros tentando trazer encaminhamentos práticos para dar maior visibilidade aos meus professores."

"O Projeto possibilitou-me também apontar possíveis caminhos para a formação. [...] Nos encontros de formação, trabalhar sempre que possível, com a tematização da prática, para que tanto analistas quanto professores possam compreender concepções subjacentes e encontrar caminhos alternativos aos propostos na situação analisada. Trabalhar com a resolução de situações-problema como outro dispositivo metodológico de formação, pois coloca o professor em situações similares às que enfrenta na prática, permitindo-lhe aplicar conhecimentos já construídos, validá-los ou modificá-los quando necessários." (grifos meus)

Esses relatos indicam como é importante tanto a formação em conjunto (analista pedagógico e professor) nas práticas desenvolvidas com os alunos como também a necessidade de retomada das estratégias utilizadas pelos professores no cotidiano da sala de aula e que, o vivido no Projeto *in loco* possibilitou criar encaminhamentos para a sua prática de formador.

Desse modo, observei que nos relatos dos analistas pedagógicos, a intencionalidade de rever as próprias ações aparece de forma acentuada. Essa intencionalidade se revela de diferentes formas: avaliação com o formador a experiência vivida nas atividades com alunos, retomada com o professor-formando das práticas de sala de aula, indicação de recurso metodológico para a formação de docentes por meio da resolução de situações-problema similares aos que enfrentam na sua prática; e, ainda, como consequência da vivência do Projeto *in loco*, os sujeitos explicitam que essa vivência se configurou em uma possibilidade de apontar mudanças para as próximas ações formativas nos encontros com os professores.

Esses relatos me levaram a chamar Josso (2004, p.46) quando afirma que "outra etapa do processo experiencial é utilizar conscientemente o saber-fazer e os conhecimentos experienciais nas aprendizagens necessárias para levar a bom termo um projeto".

Nesse aspecto, parece haver uma intencionalidade dos analistas pedagógicos em refazer o caminho, em retomar o vivido: avaliar para dar continuidade ao projeto a partir das questões detectadas na realidade da ambiência escolar. Interessante observar que, nessa retomada planejada, o sujeito não está sozinho; ele convida o outro, que é parte integrante do processo, para a discussão, para a transação, como se verifica na declaração de um dos sujeitos: "[...] pretendo discutir com ela [...]".

Na articulação entre o ocorrido no passado, olhando o presente com a intencionalidade no futuro e, no confronto com o olhar do outro, pode surgir a possibilidade do sujeito elaborar um projeto de si que dê continuidade à história por meio de um processo reflexivo que o mobilize a rever suas ações, seus conhecimentos, seu saber fazer para ressignificar em outros processos. É o que me levam a crer esses registros analisados porque me parece que os analistas pedagógicos encontram "alimento" nessa experiência para a criação de ideias formativas.

Outra constatação de um pensar mais amplo, no seu fazer de formador de formadores, encontra-se na afirmativa de um dos sujeitos:

> "O próximo passo será fazer um levantamento das dificuldades de uso da língua nos seus aspectos gramaticais formais e ortográficos, trabalho que realizaremos após análise minuciosa dos textos produzidos pelos alunos." (grifos meus)

A determinação dessa ação futura revela que não se trata apenas de um plano, porém envolve um pensar sobre o já realizado (após uma análise minuciosa); um pensar que pode ser entendido como o processo de uma aprendizagem traduzida por ter-se apropriado da experiência vivida. Portanto, entendo que o analista pedagógico procura legitimar a sua ação a partir dos sentidos que ele atribuiu à sua própria atividade. Dessa maneira, o sujeito, por meio de sua atividade, tende a transformar-se e esse movimento contempla a "possibilidade do novo, da criação"(Aguiar, 2002).

Assim, as atividades experienciadas em sala de aula vão produzindo oportunidades de interlocução entre os analistas pedagógicos e professores, que refletem os sentidos das práticas docentes, isto é, cria possibilidades de autoformação no processo de formar o outro, com o outro e na mesma ambiência do outro.

No entanto, na análise dos dados, percebi que os sujeitos, em alguns momentos, se dão conta de que deixam escapar situações com os docentes, que merecem ser repensadas, tais como: "A fala da professora deixou clara a representação que alguns docentes ainda têm sobre quantidade x qualidade. **A priorização de conteúdos e as necessidades da classe ainda não são objetos de estudo e seleção dos professores.** Está sendo ensinado o que trazem os livros didáticos ou o que eu, professor, acho que tem que ser dado para ele 'enfrentar' os vestibulinhos (já que estávamos em pleno período de inscrição para tal)."

"**O hábito de contar histórias nos ciclos III e IV não é tão comum.** Isso, de certa forma, deixa de desenvolver nos alunos **a habilidade de produzir textos** com pontos culminantes e que motivem o leitor a continuar sua leitura."

"**Ao ver as atividades de língua, percebi total inadequação.** Há pedido para separar as palavras em sílabas, classificá-las quanto à tonicidade e trabalho mecânico de acentuação, além de identificação de substantivos próprios, comuns etc."

"**O pior é que já era a terceira vez que a professora dizia 'dar oportunidade' para que eles fizessem a prova, caso contrário 'ficariam com PI'. Fiquei um tanto indignada diante daquela situação lamentável;** tive vontade de conversar com a professora no mesmo dia, mas não foi possível!" (grifos meus)

Essas referências, presentes nos relatos dos analistas pedagógicos, evidenciam que os sujeitos detectaram dificuldades nas práticas docentes; dificuldades próprias do contexto do cotidiano escolar, tais como: selecionar e priorizar conteúdos que atendam às reais necessidades dos alunos, em vez de priorizar apenas o livro didático; elaborar atividades que mobilizem e incentivem a leitura nas séries finais do ensino fundamental; desenvolver ações que provoquem alunos mais tímidos à exposição oral; romper com a concepção de recuperação como sendo, apenas, uma "chance a mais", entre outras. Por outro lado, um dos sujeitos toma consciência de suas preferências na sala de aula em relação ao ouvir alunos, o que lhe provoca tanta inquietação que, imediatamente, decide modificar a situação estimulando outros alunos a participarem.

"Na sala de aula existem alunos bons e falantes, que querem sempre explicar tudo e muitas vezes não deixam outros falarem; foi onde **percebi que eu e a professora muitas vezes dávamos preferência e ficávamos discutindo com estes e esquecíamos os outros. Aquilo foi me dando uma raiva fiquei muito incomodado, então decidi falar com a professora e então exercitamos escutar mais e estimular os alunos a falarem**". (grifos meus)

A despeito dessas constatações, não há nenhuma referência a proposições de ações formativas que possam auxiliar esses professores na superação da valorização dos conteúdos programáticos em detrimento do aluno como sujeito que tem necessidades diferentes de aprender. Assim também não há indicação de atividades para promover o hábito de contar histórias, de ler para os alunos, procedimentos que são relevantes para auxiliar a competência da leitura. Normalmente, os professores partem do pressuposto de que os alunos, nas séries finais do ensino fundamental, já desenvolveram a competência de leitor.

Essas colocações justificam que a mudança é um processo histórico e lento. Todavia, as atividades praticadas pelos sujeitos demonstram que é possível propiciar ao formador e formando um refletir sobre suas próprias práticas educativas para transformá-las.

De outro lado, algumas mudanças foram implantadas pelos analistas pedagógicos nos encontros que sucederam à experiência de suas atividades no contexto escolar. Os sujeitos revelam que as suas percepções, suas aprendizagens na vivência da sala de aula foram levadas para os encontros de formação:

> "**Com certeza, a participação do Projeto** *in loco*, **que nos dois casos foram mais atendimento ao professor, já alterei meus procedimentos de formadora.** As professoras aprendem mais quando falamos da prática, mais do que quando discursamos sobre teoria. Teoria está muito longe do dia a dia do professor, mas fazê-las **refletir sobre as concepções metodológicas adotadas nos Referenciais diante de atividades práticas e reais**, que têm condições de colocarem em prática, pareceu-me trazer mais avanços, maior interesse."

"Por várias vezes, no decorrer do Projeto, utilizei exemplos de atividades nele vivenciadas para discutir nos encontros de formação. Acredito que isso me possibilitou sugerir atividades mais próximas à realidade das professoras."

"O contato com as crianças e com o fazer dos professores é decisivo para instrumentalizar-me em minhas intervenções. Não foram poucos os momentos em que eu rememorei, em encontros de formação, as experiências vividas durante o projeto. Acredito que este projeto é verdadeiramente uma injeção de ânimo; somos imersos na realidade da sala de aula com todos os desafios e desalentos."

"[...] Deparei-me com professores que não sabiam a função das unidades significativas, os objetivos das áreas e tudo mais. O que eles tinham em mãos e procuravam conhecer melhor eram as expectativas de ensino e aprendizagem. Isto, para mim, foi um choque e decidi mudar de atuação em meus encontros."

"Estou iniciando o segundo encontro deste ano de 2004 e já percebo o quanto esta experiência potencializou meu papel de formador; vou para os encontros tentando fazer encaminhamentos práticos para dar maior visibilidade aos meus professores".

"[...] Observei que muitas situações do Projeto *in loco* me levaram à reflexão e me fortaleceram em alguns momentos durante os encontros."

"No decorrer do encontro, aproveitei para abordar algumas questões observadas no Projeto *in loco* (de maneira genérica)."
(grifos meus)

Nesses fragmentos narrativos, os analistas pedagógicos revelam que viver as relações que estabelecem-se no contexto da sala de aula foi tão marcante que eles se percebem diferentes. Esses sujeitos declaram modificações em seus procedimentos de formadores; decidem mudar de postura; sentem-se mais fortalecidos porque discutem questões e utilizam exemplos vividos com professores e alunos; percebem-se capazes de ampliar a articulação entre teoria e prática. Assim, desses anúncios expressos, parece-me ter ocorrido a apropriação de saberes importantes que resultaram na compreensão das próprias ações desses sujeitos, que contribuíram para sua autoformação, pois declaram não só mudanças para criar novas ações formativas como também mudanças das próprias posturas, já exercitadas nos encontros de formação de professores, posteriores à vivência do Projeto *in loco*.

Nesse sentido, os analistas pedagógicos descobrem muitas coisas e, entre elas, seus próprios avanços. Por exemplo, eles desvelam descobertas de si ao declararem que:

"[...] Sou também diferente: mais paciente mais reflexiva..."

"[...] Devido ao olhar diferenciado que acredito que desenvolvi..."

"[...] Essa vivência me ajudou muito em relação à minha prática de formador..."

"[...] Hoje me vejo mais amadurecida..."

"A cada dia vivido, cada reflexão percebo o quanto cresci..."
(grifos meus)

Essas declarações exemplificam que os sujeitos, na vivência de suas atividades, vão se apropriando de suas percepções, implicando uma presença consciente do sujeito no seu próprio processo de formação, isto é, ele se dá conta da sua autoformação. Nesse sentido, Josso (1988) diz que o ser se torna sujeito de sua formação quando explicita sua intencionalidade no ato de aprender, quando é capaz de intervir no seu processo de aprendizagem para reorientá-lo.

Esses fragmentos narrativos parecem, ainda, indicar que os analistas pedagógicos, ao se colocarem frente à realidade do contexto escolar, apropriaram-se de alguns dos modos individuais de pensar o ofício de formador, estabelecendo articulações com o "como fazer" do seu próprio trabalho, gerando consequências de reconstituição nas ações formativas. Como salientou Libâneo (2002, p.71), pode-se melhorar o próprio trabalho pela apropriação de instrumentos de mediação desenvolvidos na experiência humana. O sujeito, ao aprimorar o seu saber-fazer, interiorizando novos instrumentos de ação por meio da reflexão sobre as próprias atividades, vai engendrando a sua autoformação de formadores, pois a qualidade de um sujeito em formação está na própria capacidade de integrar todas as dimensões do seu ser: conhecimento de si, do saber-fazer consigo mesmo, o conhecimento de suas competências instrumentais e relacionais, a compreensão de suas competências e do saber-fazer com elas (Josso, 2004).

Questões de natureza semelhante, isto é, a busca de outras estratégias formativas, que impactam na autoformação dos analistas pedagógicos, são observadas nos relatos[51] a seguir:

> "Pensando nisso, passei a fazer um exercício durante os encontros de procurar entender como os professores estão se apropriando do que está sendo discutido e busquei estratégias que, a meu ver, ajudaram a garantir isso. Além de incentivá-los a falar mais, explicando o que estavam entendendo, propus também que organizassem por escrito um registro (feito a cada encontro) para que pudéssemos ir retomando as dúvidas ou 'ideias equivocadas'. Isto tem dado certo."

> "[...] na escola não havia aula, então, eu e a professora aproveitamos para discutir as aulas anteriores e refletir sobre os procedimentos metodológicos, pensando: como será que os

---

[51] Não há grifos nesses fragmentos narrativos porque a inteireza contribui para melhor compreensão de como os analistas pedagógicos buscam outras estratégias formativas após vivência do Projeto *in loco*.

utilizamos na aula anterior? Eles nos ajudaram? Qual foi a nossa dificuldade?"

"A professora pede uma ajuda na elaboração do plano docente, então proponho que dê atividades em grupos aos alunos, na quinta-feira e sexta-feira, e nós dois, em sala de aula, estaremos elaborando o plano."

"Ficou combinado que eu iria fazer a correção das produções para mostrar como podemos trabalhar com os problemas que as crianças têm. Notei equívocos em relação à exploração da leitura."

"A professora me mandará relatório do que percebeu/aprendeu no dia."

"Realizamos as atividades durante dois dias e como eu não ia em dias seguidos, combinava com a professora o que ela podia realizar mesmo que eu não estivesse lá. Foi uma experiência muito boa, pois, quando nos encontrávamos, ela relatava até onde chegara com as crianças, avaliávamos o trabalho até ali e dávamos continuidade, modificando o que era preciso."

"Decidí enviar por escrito minhas reflexões sobre o plano da professora. Neste plano, pude perceber as dificuldades da professora e tentei subsidiá-la quanto a abordar expectativa em profundidade e seu foco. Enviei-lhe via notes, avisando-a por telefone que minha resposta estava sendo enviada pelo notes e que assim que possível ela me enviasse uma resposta, dizendo-lhe que aquelas anotações foram feitas com o intuito de contribuir para sua prática."

"[...] Entrei em contato com a professora R., solicitando que me enviasse seu plano para que eu o lesse. Enviado o plano, me preocupei principalmente em atentar para as questões mais práticas e marquei uma conversa pessoal, pois não queria que a mesma situação ocorrida com a professora R. se repetisse com a outra professora."

Penso que, à medida que os sujeitos vivenciam o movimento da sala de aula, efetuando uma leitura crítica dessa realidade e imbuídos de propósitos para favorecer a prática dos docentes, foram impelidos de buscar outros caminhos de formação tanto para o professor como para alunos e, principalmente, para si próprios. Nessa busca, expressam os caminhos que adotam: retomada das ideias discutidas com professores, por meio do registro; estratégia de fazer com o outro o plano docente; fazer uso das produções dos alunos para analisar os saberes de que estes são portadores; solicitar relatório do professor para que o mesmo indique, não só as percepções do trabalho com o aluno, mas também suas aprendizagens.

Assim, os analistas pedagógicos utilizam o diálogo entre o individual e o sociocultural, estimulando uma reflexão sobre as interações que acontecem no percurso profissional; diálogo este que contribui com a autoformação do sujeito.

Vale ressaltar que, como nos eixos anteriores, os analistas pedagógicos desvelam as dificuldades vividas na experiência de suas atividades com professores e alunos, porém, a despeito de nada parecer fácil, esses sujeitos se mostram obstinados em prosseguir o caminho, buscando outra possibilidade para desenvolver o seu ofício de formador. Os dados mostram que o sujeito cria estratégias, utiliza-se dos saberes apropriados, modifica procedimentos, avalia comportamentos, enfim, vai engendrando sua própria formação.

Nesse caminhar, conforme os relatos descritos, eles encontram múltiplas formas para discutir o realizado e para pensar no que será realizado, o que contempla a avaliação de atividades desempenhadas, procedimentos de reolhar e corrigir as produções dos alunos, busca de outros canais de comunicação com os professores e, ainda, vale-se de oportunidades não previstas para reflexão compartilhada, entre outros. Assim, eles apontam que estão utilizando um saber-fazer impregnado de conhecimentos experienciais derivados das aprendizagens, dos sentimentos produzidos a partir de suas experiências realizadas em sala de aula com o professor-formando e com o aluno.

Esses apontamentos me levam a pensar que permitir ao formador viver outros modos de formação é permitir a esses sujeitos a apropriação das aquisições de experiências que abrem portas para novos dispositivos de formação, pois, como demonstraram os relatos dos analistas pedagógicos, suas ações na vivência do

Projeto *in loco* não se restringiram apenas a desenvolver atividades com os alunos, como previsto inicialmente, porém, a proximidade do formador com o contexto escolar possibilitou-lhes criar outras situações de formação.

As narrativas me permitem inferir que os sujeitos, ao experienciar outro gênero de aprendizagem, isto é, viver a sua própria atividade em um contexto imbricado de subjetividade, fizeram emergir procedimentos privilegiados para integrar outros saberes ao seu saber-fazer, no ofício de formador. Nesse aspecto, evoco o terceiro princípio sistematizado por Nóvoa (1988), no quadro de referência a um projeto de formação de adultos, ou seja, a formação é sempre um processo de mudanças institucionais, entendidas não só como um contributo para o futuro, mas também como componente atuante no presente dos movimentos institucionais.

No bojo das análises até aqui empreendidas, e com a contribuição de Josso (2004), entendo que os sujeitos dessa pesquisa reconhecem na vivência de suas experiências que o Projeto *in loco* constitui um recurso que abre possibilidades para a auto-orientação; provoca uma convocação para se distinguir como sujeito de autoformação pois assume responsabilidades nesse processo, porque se coloca em uma relação de renovação com ele mesmo, com o professor, com o aluno, com a ambiência escolar e com o espaço de formação com o grupo de professores da rede escolar Sesi-SP.

Da análise que contemplou os quatro eixos, compreendo que os analistas pedagógicos, ao viverem suas próprias atividades, revelam

a presença das diversas dimensões da formação, notadamente:
- Dimensão crítico-reflexiva – quando pensam a ambiência escolar e a institucional em relação aos problemas, às contradições, e percebem como se posicionam e como se posicionam os educadores nos diferentes âmbitos da rede escolar do Sesi-SP;
- Dimensão técnico-científica – os sujeitos ampliam saberes teóricos e práticos e aprendem a importância de articular teoria e prática nas atividades que realizaram com professores e alunos na ambiência do cotidiano escolar;
- Dimensão política – percebida no compromisso que os analistas pedagógicos têm com o projeto de educação do Sesi-SP, com os Referenciais Curriculares da Rede Escolar Sesi-SP, que eles construíram com os professores e consultores, e na busca de outras estratégias que mantenham coerência com a metodologia de ensino adotada na rede escolar da instituição;
- Dimensão da formação continuada – os analistas pedagógicos revelam que aprenderam fundamentalmente com a formação continuada; é imprescindível para as diversas funções dos educadores, e ao mesmo tempo, é muito importante a reflexão das ações de forma coletiva, ou seja, formador e professor-formando para que ambos possam avançar no fazer de formadores;
- Dimensão avaliativa – os analistas pedagógicos desvelam uma dimensão avaliativa quando declaram que o tempo todo eles avaliam não só o professor e o aluno, como avaliam a si mesmos e, nesse movimento, se transformam;

- Dimensão ética – todos esses aspectos citados estão atravessados por uma preocupação ética muito grande, isto é, há compromisso com princípios e valores, o respeito com o outro e consigo mesmo; sendo o outro o professor, seus pares, os alunos, a própria ambiência: escolar ou institucional.

Permeando essas aprendizagens explicitadas nas diversas dimensões ao longo das narrativas, há o sentido humano: sentido do sentimento da relação, sentido do outro, sentido da valorização da relação com alunos e professores, sentido do trabalho coletivo, colaborativo para a realização dos objetivos propostos. Sentidos, estes, presentes nas diversas situações vividas na experiência do Projeto *in loco*, constituindo a "dimensão humano-interacional" (Placco, 1994).

Eixo 5 – Metáforas do vivido em sala de aula

Esse eixo surgiu, apenas, da análise das metáforas que os analistas pedagógicos produziram na autobiografia final. As metáforas dizem respeito a uma comparação que os sujeitos desta pesquisa elaboraram após ter vivenciado a experiência de compartilhar com os professores atividades desenvolvidas com os alunos na ambiência da escola.

Os sujeitos, na autobiografia educativa final, registraram a vivência do Projeto *in loco* por meio de uma metáfora. A análise dessas metáforas revelou os sentimentos, expressou emoções dos sujeitos em seu trabalho com a realidade da vida da aula. Após análise, decidi transcrevê-las, sem grifos, para uma melhor compreensão das representações desses analistas pedagógicos:

"Enfim, o Projeto *in loco* possibilitou-me viver esta experiência inesquecível de explorar um brinquedo novo e descobrir os prazeres que ele dá, que dentro de cada tampinha aberta pode se encontrar uma surpresa, que de cada luz acesa pode surgir uma nova ideia, uma nova metodologia e que, por muitas vezes, este brinquedo escapa do seu controle, mas te leva a um desafio maior que é o de mantê-lo funcionando em perfeitas condições... Por diversas vezes, é preciso trocar as baterias, pois se elas falharem, acabou-se o brinquedo... E quem é que não gosta de brincar?"

"Hoje, depois de ter vivenciado uma boa parte deste processo, eu o compararia a uma injeção, não de um remédio para curar alguma doença, mas sim uma injeção de desafios, de ânimo."

"Compararia o Projeto *in loco* com as etapas do processo de digestão:
Ingestão: no projeto, o analista e o professor tentam mastigar, sentir o sabor e engolir a expectativa de ensino e aprendizagem;
Digestão: entendendo a expectativa, começa uma discussão e preparação de atividade significativas, que mobilizem os alunos e os levem a uma aprendizagem significativa;
Absorção: neste momento, a atividade é absorvida pelos alunos e o professor retira seus conhecimentos prévios e propõe

outras atividades adequadas que mobilizam e ensinam; Eliminação: professor satisfeito ou angustiado com um trabalho bem ou mal sucedido, mas a certeza e consciência de que sua intenção foi de uma educação de qualidade ou não entendimento de uma proposta."

"Comparo o Projeto *in loco* com o mar:
Calmo, revolto
Ora me deslumbra
Ora me assusta
Ora cabe na minha mão
Ora me engole com toda a fúria de suas ondas
Preciso do mar
Com toda sua contradição
As ondas, a calma, o raso, o profundo
A certeza de que a imensidão
Possa trazer aquilo que sempre busquei..."

"Compararia o Projeto *in loco* a uma receita culinária que muito queremos colocar em prática e que, quando o fazemos, às vezes dá muito certo ou nos deixa um tanto frustrados, quando seguimos tudo à risca e o resultado não é o esperado."

"Uma imagem que me vem em mente quando penso no Projeto *in loco* seria a de desvendar regras de um jogo desconhecido, ou a forma como resolver uma situação problema, dessas de livros de lógica. Quando se descobre a forma, parece que tudo fica mais fácil e vencer vai depender de sua habilidade, tornando o jogar cada vez mais prazeroso e desafiador. Você acaba procurando jogos 'mais avançados', um estágio acima... e tudo faz mais sentido, inclusive os encontros de formação."

Encontro nessas metáforas a valorização de viver as próprias atividades no espaço do outro, isto é, na ambiência do professor-formando quando compara a experiência a um brinquedo novo e descobre prazeres que possibilitam o surgimento de novas ideias; quando compara a uma injeção de ânimo; aos saberes da ingestão de um alimento; às maravilhosas contradições do mar; a uma receita culinária que muito se deseja; ao prazer sentido quando se aprende um jogo. Por outro lado, encontrei os sentimentos de inquietação, de frustração, de desafios quando o sujeito declara que, para manter a funcionalidade de um "brinquedo", há necessidade de "trocar as pilhas"; que a "injeção" é de desafios; que, ao mesmo tempo que o "mar" deslumbra, também assusta; que uma "receita" pode resultar no inesperado; que em um "jogo" é preciso lançar-se aos desafios.

Dessa maneira, as metáforas descritas desvelam que, ao recuperar suas histórias de professor, de formador, na experiência vivida no Projeto *in loco*, os sujeitos, na singularidade de cada um, expressaram seus sentimentos e aprendizagens: o prazer das descobertas que impele à busca de novas ideias; os desafios frente à constatação de que não há respostas prontas para todas as situações, porém, é necessário construí-las para dar conta de atender às diferentes necessidades que vão surgindo no contexto educacional; os sentimentos de angústia ou de satisfação em relação aos resultados dos alunos. Demonstraram, ainda, que viver a ambiência da escola é viver intensamente os próprios sentimentos contraditórios que "ora deslumbram, ora assustam".

Na releitura das metáforas, entendo que os sujeitos empreenderam uma busca de si. Nesse particular, Josso (2004) aponta que um dos desafios da busca de si é atravessado pela capacidade do sujeito manter uma relação de confiança em si mesmo, que possibilita, simultaneamente, a aceitação de si e a participação em processos de mudanças. Em relação à busca, Josso (2004) esclarece que pressupõe explorações, retrocessos, revisitações, becos sem saída, descobertas etc.

Assim, sob o meu ponto de vista, subjacente às comparações elaboradas pelos analistas pedagógicos com o Projeto *in loco*, estão suas representações quanto ao viver a experiência de retornar à sala de aula, não mais como professor dos alunos, mas como professor dos professores. Representações estas que parecem sinalizar que somente há satisfação e alegria quando as atividades executadas resultam em produções exitosas. Desvelam, em conformidade com a minha leitura, um enfrentamento dos "becos sem saída", dos retrocessos como possibilidades de construção de outras aprendizagens.

Todas essas metáforas têm um elemento comum: sentimentos contraditórios. Em outras palavras, ao mesmo tempo que valorizam a experiência de viver as atividades com os alunos na sala de aula e declaram um sentimento de prazer, apresentam também angústia, frustração, medo. Penso que este é um fato que demonstra como o sujeito é afetado pela sua atividade, pois os analistas pedagógicos estão distantes da sala de aula há apenas três anos e nenhum deles teve uma experiência inferior a seis anos como professor em escola regular; entretanto, o movimento da análise nas comparações me pareceu desvelar que vivenciar o Projeto *in loco*, ou seja, desenvolver atividades no contexto da escola formal, se assemelha a um professor que está iniciando sua carreira.

Talvez essa situação se explique pelo fato de que os sujeitos ocuparam um espaço que é do outro. Um espaço que é discursado por eles nos processos formativos de professores. Neste projeto, eles deslocaram-se do plano de orientador para realizar suas próprias proposições.

Cada uma das diferentes metáforas traz os pensamentos, as ideias, as atitudes que constituem o pensar desses sujeitos sobre o Projeto *in loco*, sobre o vivenciar a mesma experiência, o que talvez explique as similaridades nas representações apresentadas. Assim, sob a minha ótica, os analistas pedagógicos, ao elaborarem suas metáforas, entraram em um processo de refletir-se, de se autointerpretar e, ao mesmo tempo, tomam consciência de suas subjetividades, de sua produção de sentidos.

Como diz Rey (2003), o que caracteriza o sujeito em sua atividade consciente é o exercício permanente de sua atividade reflexiva, pensante, pois assim como o sujeito fala de uma posição concreta, em um contexto de relações, fala também por meio de suas histórias de formas diferentes, quando apresenta a construção de seus pensamentos.

Assim, nesse processo de representar as suas ideias, o sujeito reflete sobre o seu fazer, percebendo dificuldades e possibilidades; percepções que vão propiciando uma auto-orientação que contribui para a própria formação.

Em busca do invisível, nessas metáforas percebi um movimento dialético instaurado em uma possibilidade de autoformação, pois o sujeito volta-se a si mesmo e se encontra o outro, e no voltar-se ao outro, o sujeito necessita voltar-se sobre si mesmo, porque, na relação intersubjetiva, não há possibilidade de conhecimento sem que ocorra uma afetação mútua (Rios, 2001). Meu entendimento é de que o sujeito é capaz de situar o que colocou em questão, ao vivenciar seus próprios discursos, isto é, descobre novos meios de pensar, de agir, revelando sua capacidade de autoavaliação, revelando seus conflitos, seus medos, principalmente porque também estão sendo avaliados pelos professores; sinalizando que, para evoluir no ofício de formador, é preciso fazer escolhas, negociar.

Em contrapartida, a análise dessas metáforas me remete aos aspectos da criatividade, da parceria, da funcionalidade e, ainda, por estarem carregadas do cotidiano, estão carregadas de sentimentos, de relações, de desejos, de expectativas, revelando a importância de um trabalho conjunto ao mesmo tempo que revelam a preocupação da angústia com o próprio processo de aprendizagem, com o próprio processo do ofício de formador.

Nesse sentido, o exame dessas metáforas pode fazer com que

os sujeitos comecem a ver onde existem conflitos e que mudanças são necessárias. Permite ainda ampliar a reflexão sobre o vivido e incentiva a reconceitualização das situações caracterizadas como problemáticas (García, 1999).

2. Em busca de mais uma compreensão da investigação

Considerando já encerrada a metodologia de coleta de dados, uma conversa informal com um dos analistas pedagógicos, sujeito desta investigação, trouxe-me um importante questionamento e fonte de aprendizagem e formação. O analista pedagógico declarou o quanto foi importante poder elaborar registros sobre seu percurso profissional na educação, sobre a sua própria vivência na experiência com o Projeto *in loco*, pois lhe permitiu tomar consciência de elementos que até então estavam velados. Não pretendo discutir a questão da consciência, porém, quando o sujeito mergulha na sua retrospectiva de conhecer melhor a si, de pensar sobre si, sobre o outro, sobre sua prática, surgem possibilidades do questionar-se, de alargar os olhares e, provavelmente, de rever práticas.

Diante disso, resolvi fazer um questionamento a todos os sujeitos. Entreguei por escrito a seguinte pergunta: "Que sentidos teve escrever sobre você e seus processos vividos?".

As respostas dos analistas pedagógicos a este questionamento revelaram a tomada de consciência em diferentes dimensões, evidenciando seus processos de formação e também de autoformação; quando tomam conhecimento de si, de sua postura, de seus sentimentos, suas representações. Desse modo, nesta análise, as diferentes dimensões de tomada de consciência significam o modo como o sujeito se vê, como vê o outro, o ambiente, como interpreta seus olhares.

Nesse caminhar, esses olhares foram assim sintetizados:

2.1 Conhecimentos da formação de si

"Durante esse processo, me vieram à memória colegas dos quais nunca mais tive notícias, momentos divertidos de confraternização da minha equipe. Lembrei-me de alunos que hoje são pais, médicos, educadores, dentistas e até modelos fotográficos. O sentido maior foi me dar conta de que contribuí com a formação de muitos cidadãos ativos neste mundo de concorrência desleal. Lembrei-me dos meus alunos da escola pública, onde estive por apenas um ano, e resgatei alguns sentimentos de impotência e pena. A escola onde trabalhava era de uma comunidade carente de tudo, de amor, de autoestima, de dinheiro, de conhecimento, de comida..."

"Na verdade, escrever sobre esse percurso e sobre os processos pelos quais passei trouxe, além das lembranças, a possibilidade de me conhecer melhor à medida que pude relembrar como iniciei minha carreira no magistério, quais foram minhas escolhas, como lidei com a inexperiência ao começar dar aulas, quais sentimentos permearam os diferentes momentos e que relações mantive com as pessoas que convivi."

"Compartilhar estes sentimentos a partir de um relatório me fez aprender muito, em relação ao meu papel de analista pedagógico, e entender que apesar de ter um conhecimento teórico, devo articulá-lo à prática e não querer que este seja cumprido na ponta do lápis."

"Acredito que o ato de escrever deixa marcas no papel e estas marcas oferecem grandes pistas para entender o processo vivenciado pelo indivíduo. A escrita, como forma de registro de práticas, é capaz de cristalizar momentos; ela marca, data e favorece o resgate do percurso histórico do indivíduo."

"Foi possível observar como, por mais conflituosas que tenham sido algumas situações, quando penso sobre as mesmas, hoje, vejo que aprendia alguma coisa, pois quando menos espero resgato alguma lembrança... Acho que quero dizer que, profissionalmente, sou fruto de todas as minhas experiências enquanto aluna, professora, analista e, agora, como mãe (me preocupo quando começo a pensar no tipo de educação que meu filho terá...)."

"Como 30 anos passaram tão rapidamente, e como o meu trabalho não foi um 'peso'. Esta foi a maior constatação que eu pude ter...".

"Refletir sobre o processo de formação, sobre os erros e acertos (pois todos nós acertamos e erramos) sobre a nossa humanidade (no sentido de sermos incompletos) foi uma boa experiência." (grifos meus)

Embora apenas um sujeito declare, explicitamente, que o ato de escrever sobre si gera marcas que propiciam entender o próprio processo vivido, marcas que favorecem a reflexão do seu percurso histórico, percebi que cada um, na sua singularidade, também refletiu sobre si e sobre seu fazer.

Essas reflexões, para os analistas pedagógicos, se desvelam em múltiplos sentidos: a consciência da sua ação formadora do outro, com o outro e de si mesmo; as lembranças de seus sentimentos nas diferentes relações estabelecidas, do prazer da profissão; a percepção da possibilidade de ampliar o conhecimento de si próprio e da incompletude do ser humano. Ao dizer da incompletude do ser humano, no resgate de suas lembranças, o analista pedagógico se dá conta de que é um sujeito histórico e social, constituído e constituinte de suas experiências, nos diversos momentos de sua vida.

Assim, essas evocações denotam que, para os sujeitos, um dos sentidos de escrever sobre si e seus processos é a percepção da própria formação, ou seja, por meio das lembranças do vivido nas relações com alunos, com os docentes, com os pares, reconhecem que os diferentes registros possibilitaram uma oportunidade de melhor se conhecer, de melhor compreender o próprio fazer, de tomar consciência da imbricação da sua história no seu saber ser, no seu saber fazer e no seu saber conviver.

Eles também sinalizam suas aprendizagens:

2.2 Descobertas de suas aprendizagens

"A certeza de que a teoria aliada à prática é um movimento necessário para o crescimento e a aprendizagem. Esses momentos foram decisivos para que houvesse avanço em minha prática."

"Com o passar dos dias, **me tranquilizei diante do fato de 'não ter solução para tudo'**; me surpreendi quando em alguns momentos, conversando, esclarecia algo que para a professora não estava claro [...] Me sensibilizei ao observar as dificuldades da professora no dia a dia e isso me fez pensar muito sobre a minha postura nos encontros (como é importante estabelecer uma relação de confiança [...], como tenho que tomar cuidado **para** não parecer 'arrogante' quando falo, como tenho que ter uma percepção aguçada...)"

"**Aprendi muito com a professora**, no sentido de ouvir mais suas sugestões que são a prática e a minha é a teoria, que podem perfeitamente dar certo se não ficarmos pensando de forma muito complexa e que o simples às vezes também é significativo. Com os alunos, aprendi muito, são dotados de muitos saberes e nós professores temos que estar acima do que eles sabem para propor situações de aprendizagem que garantam mobilização e que sejam significativas."

"Na verdade, o ato de escrever sobre mim e meu percurso proporcionou-me um movimento interno de reconhecimento desse processo de aprendizagem. Apesar do ato de escrever significar um grande desafio, tive a vantagem de escrever desprovido de necessidade de acertar algo e pude apenas e tão simplesmente relatar minha forma de ver o meu fazer."

"[...] Possibilitou-me reconstruir conhecimentos que às vezes nem me dava conta que possuía ao mesmo tempo que ajudou-me a "enxergar" outros tantos necessários para o meu desempenho profissional atual."

"Outra experiência significativa foi a de registrar os momentos vividos no Projeto *in loco*. Só aí pude perceber o quanto eu estava mais atenta às reações dos alunos, às suas percepções, expressões, sentimentos, pois mediar o conhecimento requerido do educador, a sensibilidade, destreza, habilidade para problematizar, de sentir o outro, o que não era prática da 'velha escola'."

"Não foram poucas as vezes em que me percebi, durante o registro, repensando outras formas de ação para aquela mesma situação. O fato de parar para escrever é uma forma muito eficaz de nos rever na ação." (grifos meus)

Desses relatos, depreendo que há um conjunto de aprendizagens que os analistas pedagógicos foram descobrindo nos modos individuais de aprender: reolhar suas ações realizadas à medida que elaboram seus registros sobre seus percursos; a importância de ir além dos aspectos pedagógicos; conquistar a confiança do professor-formando; perceber que aprendem tanto com o professor-formando como com o aluno; que o ato de escrever sobre si próprio constitui um processo de autoaprendizagem; perceber que é portador de muitos saberes e que estes podem gerar outros saberes.

Para esses sujeitos, o escrever desencadeou aprendizagens, que, nos seus apontamentos, são individuais, mas na formação, penso que sejam coletivas, uma vez que trata-se de um conjunto de questões necessárias para a compreensão dos processos em jogo nas práticas formativas, pois, como se percebe, os analistas pedagógicos declaram aprendizagens em diferentes dimensões: o cuidar das próprias atitudes com vistas ao acolhimento do outro, a valorização da aprendizagem com o outro (professor, aluno, o ambiente da sala de aula), o próprio registro como ato de aprendizagem, a possibilidade de reconstruir conhecimentos.

2.3 Sentimentos desvelados

"Por muitas vezes, **senti pesar por não ter tido o conhecimento teórico** que tenho hoje, pois contribuiria ainda mais na formação dos meus alunos e talvez eu não tivesse sido tão injusta com muitos deles nos processos avaliativos de ensino e aprendizagem e de relação interpessoal (claro que os tempos eram outros)."

"Cada vez que relia meus escritos, era como se eu revivesse aqueles momentos e, consequentemente, sentia os impactos daquela reflexão no meu percurso profissional."

"De medo, incerteza, angústia e aprendizagem, pois nunca havia escrito meus sentimentos, coisa difícil porque eles são só meus."

"Acredito que seja natural sentir medo diante de situações novas. E não foi diferente quando conversei pela primeira vez com as professoras no *in loco*, mas o desconforto logo passou, dando lugar a uma vontade de encontrar respostas para algumas situações e dificuldades. Foi um aprendizado e tanto!"

"Claro que **vieram a tona algumas escolhas erradas** como, por exemplo, não ter ficado na rede municipal quando entrei e cheguei até a escolher, em 1983. Outra escolha, que hoje me parece frustrante, foi ter optado por continuar na rede particular, atendendo crianças que, por pertencerem a uma classe social muito alta, não precisavam tanto de professoras e meu trabalho não era 'visível'."

"Durante este exercício pude experimentar sentimentos diversos. Parar, por um breve momento, e 'tomar pé' de minha realidade provocou a certeza de muitas dúvidas que tenho em meu fazer, o quanto minha prática ainda precisa ser aprimorada e o quanto o estudo tem sido imprescindível nesse processo." (grifos meus)

Nesses fragmentos narrativos, observei que esses analistas pedagógicos, embora de formas diferentes, ao mesmo tempo que declaram o medo, a incerteza em escrever sobre si próprio, a tomada de consciência de "escolhas erradas",[52] o medo diante de novas situações, declaram também uma aprendizagem nesse processo, aprendizagem ao meu ver sustentada por uma dimensão afetiva associada ao seu contexto sociocultural e histórico, porque diz respeito ao seu saber-fazer com eles mesmos e com o outro, as suas atitudes, seus pensamentos e comportamentos localizados no tempo de percepção de cada um. Ao desvelar seus sentimentos, desvelam as fragilidades das próprias ações e, ao mesmo tempo, a necessidade de aprimorar o próprio fazer.

As inquietações expostas pelos analistas pedagógicos talvez se expliquem porque, independente da área de atuação do homem, formar-se não pressupõe um absoluto domínio de saberes, de competências,

---

[52] Escolhas erradas, entre aspas, porque indica a percepção do sujeito em relação às suas opções.

de dar conta de todos os questionamentos, pois sempre haverá zonas não preenchidas. Por isso, o processo de formação não pode ser considerado "isolado de outros processos que constituem e são constituídos pela prática do professor" (Batista, 2002, p.187).

2.4 Reconhecimento da escolha profissional

"Penso que é sempre muito positivo voltar ao passado e **relembrar o porquê da escolha desta profissão, o início de tudo, as decepções e desânimos, o crescimento até aqui e a consciência de que há muito a ser melhorado**..."

"Acredito que havia me esquecido de muitas coisas que ocorreram na minha vida, **coisas fundamentais que justificam o que sou hoje como pessoa e como profissional e que só puderam vir à tona por meio deste trabalho**."

"Foi interessante registrar minha trajetória, pois só assim percebi que o tempo passara rápido e que realizara tantas coisas. **Perdi a conta de quantos alunos passaram pela minha vida. Parece que foi ontem que comecei a dar aulas de inglês para três alunas (minha primeira turma): irmã, cunhada e uma outra menina chamada Cristiane. Esse foi o início de tudo; da minha escolha profissional**."

"De qualquer forma, estas paradas para **refletir sobre o próprio processo como profissional (principalmente na área de Educação) são, a meu ver, importantes, pois em áreas onde se trabalha com seres humanos e, de certa forma com o futuro, os profissionais devem saber que têm mais do que um simples 'emprego'. Gostei de participar desta pesquisa principalmente pela oportunidade que me deu de reencontrar-me com minha trajetória profissional."

"Eu, particularmente, nunca tinha organizado minha vida profissional de maneira tão detalhada e reflexiva. Relatar os fatos foi uma experiência que me remeteu ao passado, me fazendo resgatar coisas que haviam se perdido."

"Relembrar o meu trajeto profissional sempre ficou restrito ao âmbito da memória, porém, nada se compara à possibilidade de escrever, de forma reflexiva, o que foi (e está sendo) significativo em diferentes momentos da minha vida".

"Quanto à minha vida profissional, me fez voltar no tempo e responder para mim que preciso estudar mais e buscar novos saberes e que não sei tudo, apesar de alguma experiência profissional."

"Para mim, escrever sobre a trajetória profissional foi muito interessante. Foi com carinho que me deparei com a ideia de que, se tivesse que escolher, hoje, uma profissão, seria professora". (grifos meus)

Interessante observar, nesses relatos, que todos os sujeitos, ao escreverem sobre si, relembram da sua escolha profissional, em um reencontro de si com a sua profissão. Embora apenas um sujeito declare explicitamente que, ao reolhar o passado, ainda hoje escolheria a profissão de professor, entendo que os demais sinalizam a confirmação da opção profissional, porque, de uma forma ou de outra, todos demonstram a importância de registrar sua autobiografia no percurso da profissão professor, principalmente para repensar sua prática.

Para melhor compreensão dos sentidos expressos por esses sujeitos em seus relatos, busquei Josso (2004) quando esclarece que as biografias educativas fazem emergir uma surpreendente desorganização, fruto das lógicas específicas de cada sujeito, porque não só os caminhos a uma mesma aprendizagem são diversos, como aprendizagens diferenciadas podem ocorrer em contextos idênticos.

Dessa forma, pensar sobre as narrativas elaboradas propiciou, aos analistas pedagógicos, uma tomada de consciência da sua subjetividade, das suas ideias, das suas formas de agir, pensar e sentir.

O revisitar o seu percurso profissional por meio da autobiografia educativa parece ter propiciado um conhecimento de "si", extraindo as características identitárias, as projeções de si, as valorizações que sustentam as suas escolhas, e o conhecimento da formação de si por meio de recordações relativas às atividades desenvolvidas enquanto profissionais da educação (Josso, 2004).

É importante destacar, também, que os relatos das lembranças dos analistas pedagógicos evocam imagens afetivas que permeiam o tempo todo o seu mergulho nas histórias do percurso profissional; sofrimento e prazer andam lado a lado nas narrativas, sempre sinalizando para uma consciência da necessidade da formação continuada tanto para si como para o professor.

De acordo com Finger (1988), o método biográfico possibilita ao sujeito compreender o que acontece no seu interior, notadamente, em relação às experiências vividas ao longo de sua história de vida. Nesse sentido, os dados me permitiram perceber que os sujeitos desta pesquisa, ao se darem conta de seus sentimentos e pensamentos, ao registrar a si próprios, sinalizam a importância do continuar se revendo em suas atitudes, comportamentos e conhecimentos.

Nesse ato de escrever sobre si e seus processos vividos, os analistas pedagógicos tomaram consciência de que o trabalho exigido pela narrativa colocou em movimento um processo de relembrar, que impactou em um processo reflexivo revelando indicadores de suas valorizações: ouvir e respeitar o outro, a conquista da confiança, o exercício de reviver sentimentos, de descobrir a autoaprendizagem, de reafirmar sua escolha profissional e, notadamente, de reviver o percurso passado, reconhecendo o presente e projetando o devir.

Deve-se ressaltar, também, que o movimento desse processo não diz respeito apenas à experiência vivida no Projeto *in loco*, mas a um conjunto de vivências que foram contribuindo para a elaboração das reflexões, da tomada de consciência, que fizeram emergir descobertas de aprendizagens, de sentimentos, ora para reafirmar seus pensamentos ora para negá-los e ora para mobilizar a busca de novos saberes. Nesse diálogo do sujeito com ele mesmo, são descortinados elementos formadores: aprendizagem para refletir; reconhecimento dos saberes já apropriados e da necessidade de buscar outros, o exercício da auto-observação, o pensar para criar novas ações que, no meu entender, o domínio desses elementos implica uma integração de saber, saber-ser, saber-fazer e saber- conviver que, de uma forma ou de outra – reorienta o contexto do ofício do sujeito contribuindo para sua autoformação.

VI. Considerações finais

Mesmo quando uma ação educativa se revela formadora, são, na realidade, os próprios adultos que se formam. A formação pertence, de facto, a quem se forma. É verdade que todo o adulto depende de apoios exteriores: ele é ajudado e apoiado por outros, e a sua formação acompanha o percurso de sua socialização. Mas, em última análise, tudo se decide em uma lógica de apropriação individual, cuja explicação teórica nem sempre é possível. (Finger e Nóvoa, 1988)

1. Introdução

Toda pesquisa tem uma história e o início de uma história sempre tem uma expectativa. A história da pesquisa está escrita neste livro, que envolveu um problema real de educação da rede escolar do Sesi--SP: investigar uma possibilidade de autoformação de formadores. Deve ser salientado que o problema estudado não é privilégio desta instituição. A autoformação é um dos aspectos da formação continuada, tema de discussão mundial. Apenas o caminho foi peculiar.

Peculiar no sentido de que a investigação ocorreu por meio de um projeto denominado Projeto *in loco*, no qual professores e analistas pedagógicos (denominação dos formadores de professores da rede escolar Sesi-SP) desenvolveram um trabalho coletivo que contemplou a discussão do plano docente e a vivência desses analistas pedagógicos em atividades com alunos e professores do ensino fundamental, no contexto real do dia a dia da sala de aula.

A presente pesquisa objetivou buscar uma possibilidade de autoformação de formadores, para os analistas pedagógicos (ofício formador), por meio da vivência das próprias atividades, da vivência dos discursos expostos nos encontros de formação com professores. Assim, ao longo desta pesquisa, iniciei a busca de uma possibilidade de autoformação de formadores que indicasse possíveis aprendizagens, sentidos que emergem do contexto escolar, na vivência de atividades reais com alunos e professores e, se ocorrendo possíveis produções de saberes, estes impactariam em mudanças de proposições formativas, em ações de formação docente mais próximas da complexa realidade dos professores.

Nessa busca, sustentada pela análise dos dados, empreendida nas singularidades das narrativas das autobiografias educativas do sujeitos, encontrei relevantes produções de saberes.

Deve ser ressaltado que, neste trabalho, a pesquisadora colocou-se em disponibilidade para a palavra de cada sujeito; não houve uma pré-determinação de quais saberes os analistas pedagógicos poderiam buscar. Desse modo, quando os analistas pedagógicos dizem dos seus saberes, explicitam seus sentidos de saberes, de aprendizagens, de sentimentos, de mudanças que apontam como importantes.

Considerando-se o tempo[53] decorrido no desenvolvimento da pesquisa, entendo os resultados como preliminares, no entanto, foi possível identificar alguns impactos.

---

[53] Aproximadamente um ano e sete meses, que coincide com o tempo do Projeto *in loco*.

2. Considerações metodológicas finais

Nesta investigação, utilizei, para a coleta de dados, com base nos estudos de Josso (1988, 1999, 2004), as autobiografias educativas, que se materializaram em três períodos:

- Anterior ao Projeto *in loco* – autobiografia inicial que compreendeu relatos trajetória inicial de professor e a trajetória após 2001, quando os sujeitos assumem o ofício de formador.[54] Nesta autobiografia, os sujeitos tiveram a oportunidade de relembrar seu percurso profissional, motivos da opção pela profissão, influências na escolha, histórias vividas, sentimentos do vivido, hipóteses sobre suas aprendizagens, aprendizagens dos alunos e dos professores.

- Durante o Projeto *in loco* – relatórios das próprias atividades com alunos e professores, em um contexto de relações desenvolvidas em sala de aula, nos quais os sujeitos puderam descrever suas práticas, seus sentimentos, suas dificuldades, seus êxitos, enfim, o seu fazer na ambiência do cotidiano escolar.

- Posterior ao Projeto *in loco* – autobiografia final, por meio da qual os analistas pedagógicos refletiram a dinâmica do percurso experienciado no projeto e na trajetória profissional, revelando algumas compreensões de si e dos outros (alunos e professores) com os quais conviveram nesta experiência suas descobertas, seus estranhamentos, seus deslumbramentos, apontamentos de algumas mudanças na e para as suas práticas formativas.

---

[54] Reitero que, na diretoria de Educação do Sesi-SP, esse ofício é desenvolvido por funcionários que ocupam um cargo denominado analista pedagógico.

A pesquisa contemplou, ainda, uma etapa após encerramento da metodologia de coleta de dados, provocada por um dos sujeitos da pesquisa, que declarou como foi importante elaborar registros sobre seu percurso profissional na educação, sobre a sua própria vivência na experiência com o Projeto *in loco*, mobilizando-me a realizar um último questionamento a todos os analistas pedagógicos:

"Que sentidos teve escrever sobre você e seus processos vividos?"

Coletei e organizei as narrativas de seis analistas pedagógicos, ofício: formador de formadores, em uma matriz de análise elaborada para esse fim que, posteriormente, foi sintetizada em cinco eixos: concepção da aprendizagem de si próprio e do formando; sentimentos desvelados quanto à representação de formador; saberes produzidos e sentidos revelados em relação à sua ação, ao Projeto *in loco*, ao professor, ao aluno e à ambiência; e sinalização de mudanças e metáforas sobre o vivido em sala de aula.

A metodologia em uma abordagem autobiográfica que, inicialmente, tinha a intenção de identificar uma possibilidade de autoformação revelou-se, ela própria, um poderoso instrumento de autoformação, pois, como Josso (1988), entendo que a narrativa, na sua globalidade, articula vários aspectos considerados como formadores. O sujeito escolhe a sua própria reorientação quando narra o que pensa de si, sobre as atividades por ele realizadas.

3. Considerações sobre os eixos da análise

As revelações dos sujeitos desta pesquisa evidenciaram um conjunto de similaridades que foram traduzidas nos diferentes eixos, bem como o inesperado e o insólito que, em síntese, trago para esta conclusão.

Eixo 1. Concepção de aprendizagem de si e do próprio formando

Neste eixo, o movimento da análise das narrativas compreendeu três momentos da vida dos sujeitos: o de professor, o de analista pedagógico – antes da vivência do Projeto *in loco* e após vivência do projeto.

Enquanto professor, os sujeitos apontam, como preponderante para a sua aprendizagem, à interação. Há sempre uma presença, na relação entre o sujeito e a aprendizagem, constituindo as aprendizagens apropriadas pelos sujeitos, ao mesmo tempo que eles se constituem nessa presença.

Como analistas pedagógicos, e antes da experiência com o Projeto *in loco*, não abandonam essa concepção de aprendizagem, porém, eles a ampliam, incluindo o conteúdo ao declarar sobre o valor da teoria como iluminadora dos caminhos da prática que se percorre no cotidiano escolar quando dizem da importância do domínio do conteúdo específico da área de conhecimento para o fazer pedagógico.

Após a vivência do Projeto *in loco*, os analistas pedagógicos enfatizam as relações interpessoais como muito importantes: ouvir o outro, seja esse outro o professor-formando ou o aluno; empreender trabalho coletivo; compartilhar responsabilidades, cooperação. Aqui, ocorreu outra ampliação da concepção de aprendizagem, porque os analistas pedagógicos confirmam a relevância da interação; porém, agora, incluem outras presenças: a do professor--formando e a do aluno, reafirmando a própria presença.

Nesse aspecto, Placco (2002) nos diz que, em qualquer interação, os âmbitos do sujeito – pessoal, interpessoal, social, cognitivo, afetivo – estão sincronicamente presentes, sendo que, à medida que um deles é afetado, transformado, todos os outros também se transformam.

Assim, na realidade, os analistas pedagógicos mostram que, na interação, quando se discute conteúdo, na verdade se está discutindo quem "sou eu" enquanto formador, quem é o meu formando e como esses processos atuam no Projeto *in loco*.

Nesse eixo, os sujeitos não indicam que aprender é apenas "isto" ou "aquilo", mas apontam que é uma procura de como fazer de outra forma, o que entendo como elemento de autoformação desses formadores, porque o sujeito, na busca da compreensão do próprio processo de aprendizagem, encontra outras possibilidades para a complexa tarefa de intervenção na formação do outro e de si próprio.

Eixo 2. Sentimentos desvelados quanto à representação de formador

A análise das narrativas deste eixo mostra um sujeito que, ao buscar suas memórias, não faz apenas a narrativa do acontecido, porém, desvela-se como sujeito de ações, de pensamentos, de emoções, de afeto, de relações interpessoais. Ao comparar os relatos desses sujeitos antes e após a vivência no Projeto *in loco*, muitas semelhanças entre os sentimentos são reveladas: insegurança, medo, incertezas, inquietações. Todavia, os motivos são diferentes: antes da vivência do Projeto *in loco*, é um sentimento fruto do desconhecido (viver seus discursos na ambiência da sala de aula); após a vivência, é do conhecido, que é extremamente complexo e que eles têm de viver e descobrir com os professores, com os alunos.

De uma forma ou de outra, os sujeitos revelam suas preocupações, seus anseios e, de outro lado, a motivação, a alegria, a empolgação quando percebem, principalmente, que é possível desenvolver atividades com alunos de conformidade com os modelos organizativos que propuseram aos professores nos encontros de formação, ou seja, ao validarem suas proposições, demonstram sentimentos de satisfação e de autoeficácia.

O sentimento de autoeficácia é evidenciado quando o professor-formando avalia positivamente o fazer do analista pedagógico com ele no Projeto *in loco*; quando reconhece possibilidades de colocar em prática seus próprios discursos; quando se dá conta que a relação teoria/prática é possível; quando percebe que os alunos participam, se envolvem e aprendem com as atividades desenvolvidas por eles – professor e analista pedagógico – em sala de aula.

Este eixo perpassa todos os demais, evidenciando um valor importante em todos os demais movimentos vivenciados neste trabalho.

Eixo 3. Saberes e sentidos revelados em relação à sua ação, ao Projeto *in loco*, ao professor, ao aluno, às ambiências

Os analistas pedagógicos apontam que se apropriam de saberes nas mais diversas interações com o outro e com o ambiente, tais como: o compartilhar, o respeitar, o buscar uma convivência, o saber gerenciar conflitos. Ressignificam suas relações no contexto de interação com docentes, quando denunciam busca de mudanças, quando falam do seu fazer de formador ao utilizar estratégias mais próximas da realidade dos docentes, valorizando o diálogo com o professor e com a conquista da confiança entre formando e formador.

Os sujeitos declaram que emergem saberes quando aprendem que é possível colocar em prática atividades desafiadoras para atender às necessidades dos alunos. Produzem saberes por meio da reflexão sobre as diversas situações vividas em sala de aula quando se defrontam com o desafio de articular atendimentos às necessidades do professor e dos alunos com a metodologia de ensino que professam; percebem que os alunos são portadores de muitos saberes, dizem que as relações com professores e alunos são importantes para instrumentalização de suas intervenções; revelam que entendem a complexidade da dinâmica da sala de aula; apontam a necessidade de aprofundar conteúdos; enxergam possibilidades de ampliar seus saberes a partir dos saberes do professor e do aluno e, ainda, quando se dão conta dos próprios erros ao observar as atividades realizadas pelos alunos.

Preliminarmente, pensei que os aspectos pedagógicos seriam abordados com mais ênfase pelos analistas pedagógicos e não o foram, enquanto outros, não levantados inicialmente, surgiram de forma significativa e preponderante nas narrativas dos sujeitos. A explicação para esse fato encontro em Placco (2002), quando esclarece que a formação ocorre em diferentes dimensões, não podendo, portanto, ser pensada em única direção.

Placco (2002) diz que o movimento na ação do professor integra as dimensões políticas, humano-interacionais e técnicas. A dimensão política, entendida como a "relação ética do educador com a realidade social mais ampla", apresenta-se no sujeito como uma valorização e percepção da sua função social, da sua responsabilidade social diante da formação. Essa dimensão emerge nas narrativas dos analistas pedagógicos, principalmente, quando declaram a necessidade de rever ações para os processos de formação com os professores, pressupondo a continuidade da busca.

A *dimensão política* está presente, também, ao expressarem a preocupação com as atividades que os professores propõem aos alunos, notadamente, ao perceberem a ausência nessas atividades, dos pressupostos metodológicos expressos nos Referenciais Curriculares da rede escolar Sesi-SP, revelando a necessidade de um planejamento conjunto para um trabalho em cooperação, integrado, levando-se em conta as possibilidades e necessidades de uma formação que contemple uma intencionalidade em torno de um projeto.

A *dimensão humano-interacional*, segundo a autora, demonstra a relação socioafetiva e cognitiva que é construída entre os diversos atores, na vivência do cotidiano escolar, professor-aluno, aluno-aluno, e, nesta pesquisa, acrescento formador-professor e formador-aluno, surgindo, nessas relações, os sentidos de um trabalho coletivo e cooperativo entre analista pedagógico e professor, na busca de desenvolvimento de aprendizagens.

Os analistas pedagógicos, apesar de expressarem, de diversas formas, sentimentos de medo diante de novas situações, de incertezas diante do vivido na experiência do Projeto *in loco*, expressam também uma aprendizagem nesse processo que, ao meu ver, sustentada nesta dimensão humano-interacional, na qual a relação socioafetiva, associada ao seu contexto sociocultural e histórico, permite a construção dos sentidos do seu fazer, ressaltando a importância de perceber-se e perceber seu fazer.

A *dimensão técnica* é revelada na valorização e percepção da necessidade de relacionar conteúdos e técnicas por meio do planejar, avaliar, preocupando-se também em relacionar conteúdos e metodologias à realidade do contexto escolar (Placco, 2002). Neste sentido, essa dimensão implica um conhecimento além do domínio da área específica, um conhecimento que se articule a outros saberes e práticas de forma inter e transdisciplinar.

Essas dimensões mantêm entre si uma relação de integração e, em diferentes momentos e a cada momento, há preponderância de uma em relação às outras, sem perder o movimento entre elas, como explica Placco (2002). No movimento entre as diversas dimensões que pressupõe: saberes para ensinar, formação continuada, o trabalho coletivo, dimensão avaliativa; mais recentemente

(2004), a autora acrescenta que as dimensões cultural, estética e ética permeiam todas as outras. A esse respeito, os dados da análise revelam, por várias vezes, o cuidado que os sujeitos demonstram com os professores e com os alunos quando expressam uma intencionalidade de rever suas próprias ações, sinalizando mudanças nos processos formativos, a partir das dificuldades detectadas na realidade do contexto escolar. Portanto, o analista pedagógico, ao vivenciar o cotidiano da escola, vive relações que integram diferentes dimensões.

Considerando-se que a dimensão humano-interacional aparece de forma muito intensa em todas as narrativas dos sujeitos da pesquisa, de uma forma ou de outra, todos expressam seus sentimentos, suas emoções, seus temores, suas alegrias, seus próprios bloqueios afetivos. Assim, entendo ser necessário, nos processos de formação, pensar em alternativas para cuidar melhor dessa dimensão.

Eixo 4. Sinalização de mudanças: o que levarão para os encontros de formação

Na busca de sinalização de mudanças, encontro nas narrativas dos analistas pedagógicos manifestações do cotidiano escolar, indicando mudanças para o seu fazer ao declararem a necessidade de repensar algumas questões dos processos de formação: oportunizar espaços para que os professores explicitem seus pensamentos, ou seja, dar mais voz aos professores; necessidade de retomar e aprofundar a compreensão de conteúdos já estudados; e a importância de identificar as dificuldades dos alunos diante de determinada aprendizagem.

Os sujeitos revelam que, a despeito de nada parecer fácil, pretendem prosseguir o caminho, buscando outras possibilidades para desenvolver o seu ofício de formador. Ele cria estratégias, utiliza saberes apropriados, modifica procedimentos, avalia comportamentos, enfim, vai engendrando sua própria formação, pois encontra múltiplas formas para discutir o realizado e para pensar a ser realizado, contemplando a autoavaliação, os procedimentos de reolhar e corrigir as produções dos alunos, a busca de outros canais de comunicação com os professores.

Na interpretação dos dados desse eixo, observei que eles já se percebem diferentes quando declaram que viver suas próprias atividades "potencializou o seu papel de formador". É importante ressaltar que os analistas pedagógicos não só sinalizam que estarão realizando alterações nos seus procedimentos formativos com professores como contam que já realizaram mudanças, utilizando-se de situações vividas no Projeto *in loco*, introduzindo o registro, elaborando plano docente em conjunto o professor, compartilhando suas reflexões sobre o vivido com o professor-formando.

Considero essas sinalizações de mudanças como confrontações de reflexões e de automobilização que implica cada um dos sujeitos no próprio desenvolvimento do ofício de formador. Essas constatações me levam a concluir que o objeto dessa investigação revelou-se mais rico e mais complexo do que havia imaginado, pois, ao mesmo tempo que possibilitou algumas mudanças, permitiu criar alternativas para os processo de formação; apontou o quanto, ainda, se precisa caminhar no processo de formação e denunciou a complexidade e amplitude dessa tarefa.

Eixo 5. Metáforas do vivido em sala de aula

Os analistas pedagógicos, ao elaborarem metáforas para representar o vivido na experiência do Projeto *in loco*, elucidam, principalmente, seus sentimentos: o prazer das descobertas que os impulsiona à procura de novas ideias; os desafios de construir respostas para dar conta de atender às diferentes necessidades que surgem no contexto da escola; os sentimentos de angústia ou de satisfação em relação aos resultados dos alunos e de professores.

As diferentes metáforas carregam os pensamentos, as ideias, as atitudes constituintes da representação dos sujeitos sobre o Projeto *in loco* sobre o vivenciar suas atividades e, nesse processo, refletem, se autointerpretam e, ao mesmo tempo, tomam consciência das suas subjetividades, das suas produções de sentidos.

Essas metáforas constituem-se em um conjunto de reflexões do caminho percorrido, no qual cada um dos sujeitos revela o que aprendeu sobre a sua formação e a formação do outro, e como cada um vê a contribuição da investigação para a sua autoformação, por conta da diversidade das hipóteses formuladas, das ideias estudadas, do aparecimento de novas pistas, que vai enriquecendo seus saberes.

"Que sentidos teve escrever sobre você e seus processos vividos?"

Os analistas pedagógicos, quando questionados sobre os sentidos de escrever sobre si e seus processos vividos, revelam que tomam conhecimento de si, de sua postura, de seus sentimentos, de suas representações, ou seja, expressam uma tomada de consciência em diferentes dimensões, evidenciando seus processos de formação e, também, de autoformação, porque declaram que o ato de escrever sobre si gera marcas que propiciam entender o próprio processo vivido e marcas que favorecem a reflexão do seu percurso histórico; apontam descobertas de suas aprendizagens, tanto com o professor-formando como com o aluno; descobrem que são portadores de muitos saberes e que esses podem gerar outros saberes.

Ao escreverem sobre si e seus processos, revelam também suas afetividades impregnadas das histórias do percurso profissional, tanto de professor como de analista pedagógico. Nesses processos, percebi que sofrimento e prazer andam lado a lado nas narrativas, apontando para uma consciência da necessidade da formação continuada tanto para si como para o professor.

Os analistas pedagógicos demonstram que há um conjunto de experiências que contribuíram para as suas reflexões e, na tomada de consciência, emergem descobertas de aprendizagens e de sentimentos. Nesse movimento, reafirmam algumas das suas ideias e negam outras, apontando a necessidade da busca de mais saberes para exercer o ofício de formador.

Nessa perspectiva, confirmam as declarações de Nóvoa (1988), já assinaladas no capítulo da metodologia, de que a abordagem biográfica não só se constitui em um meio de investigação como de formação, pois todos os sujeitos, de uma maneira ou de outra, dizem que foi muito importante escrever sobre si e seus processos vividos, porque possibilitou-lhes, principalmente, a tomada de consciência de si e de seus saberes. Assim, há uma ampliação da "consciência da prática" desses analistas pedagógicos, porque, como explicita Placco (1994), o sujeito desenvolve e amplia sua consciência da prática à medida que percebe as relações teoria-prática, que analisa os acontecimentos de suas ações; quando questiona sua própria prática, preocupa-se em transformá-la ou melhorá-la.

Desse modo, entendo que os analistas pedagógicos, ao registrarem as suas experiências, vão se apropriando do domínio de aspectos que contribuem para a autoformação, pois essa tem vinculação com a tomada de consciência dos processos vividos, o que permite ampliar o comprometimento de se fazer melhor.

4. Sintetizando os reflexos desta pesquisa para a formação de formadores

Os reflexos desta pesquisa para a autoformação de formadores, considerando a própria formação continuada de formadores e também dos formandos, foram sintetizadas em três situações: a vivência do Projeto *in loco* nesta pesquisa, contribuições à autoformação e sua importância para a formação do professor e ilações dos eixos analisados para as propostas de formação.

4.1 A vivência do Projeto *in loco* nesta pesquisa

O Projeto *in loco*, embora careça de muitos ajustes, constitui-se em uma possibilidade de autoformação que aponta uma série de necessidades para pensar, desenvolver, avaliar e pesquisar processos formativos para o formador de formadores a partir da reelaboração de conhecimentos que se produzem em uma prática, confrontando com experiências, com concepções, com o contexto social inerente às dinâmicas da sala de aula.

O Projeto *in loco* se constitui em uma oportunidade de autoformação para o analista pedagógico à medida que provoca esse sujeito a buscar outros saberes, que aproxima sua ação formadora da realidade vivida pelos professores na escola; que aponta a necessidade de ouvir mais o professor; que promove processos formativos nos quais a teoria se encontra articulada à prática; quando provoca mudanças para pensar sobre as reais necessidades confrontadas na ambiência da sala de aula; quando identifica aprendizagens na interação com o professor, com o aluno, com a própria atividade vivida como fonte e ponto de partida para a sua aprendizagem e mudança e, ao mesmo tempo, para a aprendizagem e mudança do outro.

Vivenciar em contextos reais de sala de aula os próprios discursos, ou seja, desenvolver com alunos as atividades organizativas de aprendizagens discutidas nos encontros de formação com os professores gerou, nos analistas pedagógicos, um sentimento de segurança, mobilizando-os a elaborar ações formativas mais condizentes com as reais necessidades dos docentes.

A elaboração dessas ações, após a vivência do Projeto *in loco*, passou a ser mais bem-pensada, organizada, desencadeando um movimento de cuidados, notadamente, à preocupação em articular teoria à prática.

Dessa forma, na interpretação das narrativas dos analistas pedagógicos, observei que a estratégia do Projeto *in loco* possibilita uma interação entre formador, professor-formando, aluno e ambiência escolar, da qual surgem elementos estruturantes e profundamente enriquecedores do processo de formação individual.

Também ao comparar as narrativas iniciais (antes do Projeto *in loco*) com as da autobiografia educativa final (após Projeto *in loco*), constato uma evolução dos sujeitos quanto aos seus saberes, porque expressam que vão se apoderando da própria produção de sentidos, que ora integram os já existentes e ora desfazem de alguns deles para apropriar-se de novos sentidos.

Da análise, infiro que o Projeto *in loco* constitui-se em uma possibilidade para pensar como diminuir a distância entre "teorias professadas" e "teorias praticadas" (Tardif, 2002, p.276) e que há uma evolução desses analistas explicada pela própria atividade desenvolvida na experiência do projeto, pois lhes possibilita a tomada de consciência da complexidade da ambiência da sala de aula. Complexidade entendida a partir de ações integradas e interdependentes e não de ações isoladas e individuais; que indica a contradição do uno e do múltiplo, em meio a relações inquietas das dúvidas e das incertezas, responsável pela compreensão do saber (Petraglia, 1995).

4.2 Contribuições à autoformação e sua importância para a formação de educadores

Na introdução deste trabalho, foi hipotetizado[55] que refletir sobre o autoconhecimento/saber pedagógico permitiria ao sujeito compreender as relações que se estabelecem entre o discurso e a prática para, posteriormente, elaborar situações de formação impregnadas de saberes gerados no contexto dos paradoxos da sala de aula. A despeito de não existir intenção de verificar variáveis ao longo da pesquisa, ficou muito claro essa compreensão, pois todos os movimentos de aprendizagem que os analistas pedagógicos realizaram, conforme expresso nos diferentes eixos descritos, revelam que o sujeito se autoavalia, que ele demonstra suas mudanças no que foi afetado pela experiência, pelo professor-formando, pelos alunos, pela ambiência da escola e pelos sentidos produzidos: ele está em processo de autoformação.

Nesse processo de autoformação, o sujeito está se questionando, refletindo sobre seus saberes, buscando mais saberes, avaliando, porque, quando ele avalia, não está só avaliando o Projeto *in loco*, mas realiza uma autoavaliação, avalia o professor, avalia seus pares e avalia a mim, enquanto gerente dos analistas pedagógicos. E, nesse processo de avaliação, os sujeitos encontram pistas, fazem descobertas que lhes possibilitam criar alternativas para mudar

---

[55] Esta hipótese encontra-se à p.17 desta pesquisa.

suas práticas de formação, estimulando os professores a, também, modificarem práticas docentes.

Observei que os sentimentos desvelados pelos sujeitos – mesmo quando contraditórios, de autoeficácia, de incompetência, de deslumbramentos, de estranhamentos, de dúvidas, de alegrias, de incertezas, de decepção e outros, por meio dos quais os sujeitos vão se dando conta da própria existência, da complexidade do seu ofício de formador – configuram-se em elementos constitutivos do processo de autoformação porque não surgem sozinhos, mas carregam explicações, informações e questionamentos que permitem ao sujeito pensar em suas próprias ações.

Ao revelarem seus sentimentos, esses formadores revelam também um querer empenhar-se no processo da procura de soluções alternativas para a resolução das questões das próprias ações de formação com professores; um querer que, entendo, está acompanhado de ideias criativas. Como afirma Kosik (1976), o sujeito com base nas próprias experiências, nas próprias atividades, nas próprias possibilidades cria para si relações. Assim, o analista pedagógico, ao viver a cotidianidade da sala de aula, gera relações para si que permitem a autorreflexão e a autoorientação para seu fazer de formador de formadores e, consequentemente, vai engendrando sua autoformação.

Emerge, das análises das narrativas, a necessidade da formação para os formadores, pois, como os docentes, ensinam e carecem, também, de formação. Josso (2004) diz que o sujeito, ao iniciar um processo de reflexão sobre si mesmo, inicia também um ato de auto-orientação. Assim, os analistas pedagógicos, nesse processo de pensar sobre suas aprendizagens, sobre as aprendizagens do outro e sobre as suas dificuldades e as do outro, vão inaugurando um autoconhecimento mais consciente para reorientação de suas ações; vão responsabilizando-se pela própria formação, corroborando com os dizeres de Finger e Nóvoa (1988) de que "a formação pertence, de fato, a quem se forma".

Nessa pesquisa, descobri que os sujeitos apontam para reorientação de si, quando pensam e buscam possibilidades de estabelecer um melhor relacionamento com os formandos, ou seja, de um modo geral, quase todos expressam a importância da proximidade com o professor, de ouvir mais esse profissional e buscar compreender suas ações, cuidando para não imobilizá-lo no seu fazer pedagógico.

Esses sujeitos, ao refletirem sobre o seu fazer, percebem a necessidade do aprofundamento de conteúdos, sentem que é fundamental retomar suas ações nos encontros de formação com professores. Nessa perspectiva, eles apontam pretensão de dar mais voz ao professor, de ampliar sua proximidade com o formando, de tematizar a prática do cotidiano escolar para ampliar saberes tanto dos professores como deles próprios; de utilizarem a estratégia de resolução de situações-problema com o fim de colocar o professor diante de situações similares àquelas com que se defronta no seu fazer para criar alternativas de mudanças.

Pesquisar uma possibilidade de autoformação de formadores no cotidiano da escola utilizando-se da abordagem autobiográfica revelou, ainda, que é importante experimentar outras formas capazes de provocar um empenhamento do sujeito na sua própria formação e, ao mesmo tempo, reforçou o envolvimento da instituição por meio da supervisão de ensino, das escolas, e permitiu uma grande aproximação dos problemas emergentes no ensino fundamental da rede escolar, contexto da investigação, mobilizando-me a pensar na necessidade de intervenções para continuidade desse projeto. Entre elas, introduzir modificações, cuidar melhor do próprio planejamento do Projeto *in loco,* pensando-o, principalmente, na dimensão da afetividade das relações para minimizar as ameaças de uma hierarquização, pois as marcas que ficam são os comportamentos e não os conteúdos.

Conforme explicitado por Nóvoa (1988), no terceiro princípio enunciado para projeto de formação, é necessária a implicação das instituições nos processos de formação: "a formação é sempre um processo de mudança institucional".

A implicação da instituição, nesse processo de autoformação, pressupõe mudanças, pois se trata de um processo circular. De outro prisma, a instituição só pode estar em movimento, em mudança, para possibilitar que um projeto deste alcance seja realizado; e na realização deste projeto, a instituição também muda.

Outra contribuição dessa pesquisa diz respeito ao registro. O ato de registrar processos vividos emerge como um instrumento de formação. Os analistas pedagógicos, ao registrarem suas vivências e, principalmente reflexões sobre si mesmo, lançam um olhar mais detido sobre os caminhos percorridos, engendrando oportunidades de refazer seus percursos, de analisá-los, de indicar os sentidos que se definem ao escrever sobre si e seus processos e, ao mesmo tempo, geram desdobramentos reveladores de produção de propostas formativas mais próximas da ambiência escolar.

A análise de comparação entre os dados da autobiografia educativa inicial, notadamente referente aos dois primeiros anos em que os sujeitos experienciaram suas funções de analistas pedagógicos com os dados da autobiografia educativa final, me leva a afirmar que houve uma evolução no discurso desses sujeitos, principalmente no que diz respeito à subjetividade. Como explicita Josso (2004), o processo de autorreflexão é uma atividade de autointerpretação e de tomada de consciência dos referenciais interiorizados pelo sujeito; por isso, são elementos constitutivos da sua subjetividade.

Assim, é possível concluir que a autoformação não se desenvolve pela desvalorização das ideias antigas e nem pela substituição do conhecimento antigo por novos conhecimentos, mas os sujeitos vão associando a sua história às demandas atuais para apropriar-se de outros modelos.

4.3 Ilações dos eixos analisados – diretrizes para propostas de formação

De tudo que emergiu nesta pesquisa, ficam alguns aspectos que não podem ser desconsiderados nas propostas de formação de professores para não se correr o risco de elaborar ações formativas que se apresentem na superficialidade e, portanto, não serão provocadoras de transformações ou melhorias das práticas docentes.

Dessa forma, a concepção de aprendizagem de si e do formando, preliminarmente focada na interação e que posteriormente, inclui o conteúdo, na realidade, demonstra a necessidade de uma interação completa não só entre os sujeitos, porém, com o próprio objeto de conhecimento. Esse estudo mostra que a aprendizagem é pensada como algo inteiro: conteúdo e interação. Isso significa que qualquer proposta de formação deve considerar o fato de que as aprendizagens que vão acontecer serão aprendizagens que envolvem o indivíduo inteiro; não apenas o conhecimento, o conteúdo, mas também como viver com o outro, como saber de si mesmo, como saber-fazer, como saber-ser.

Devido à constatação de que, por meio dos sentimentos, os sujeitos vão se dando conta da própria existência, da complexidade do seu ofício de formador, esses sentimentos se configuram em elementos constitutivos do processo de autoformação porque não surgem sozinhos, pois portam explicações, informações e questionamentos que possibilitam ao sujeito pensar em suas próprias ações.

Os elementos emocionais, a afetividade, os sentimentos são, também, constitutivos da autoformação, porque a formação ocorre quando se integra à consciência, às atividades, às aprendizagens, às descobertas e aos significados realizados de forma fortuita ou organizada no ambiente social e na intimidade consigo próprio (Josso, 1988). Desse modo, propostas de formação que desconsiderem os sentimentos gerados nas relações que se estabelecem entre formando e formadores não terão êxito quanto à provocação de mudanças.

Na análise do eixo dos saberes e sentidos, produzidos nas diferentes dimensões, há um significado muito importante: a valorização da relação com o outro nos processos de formação. Uma relação que envolve o partilhar saberes, o respeitar as diferenças; o promover o diálogo evidencia sentidos e significados para o desenvolvimento da habilidade de escuta, de dar voz ao formando em uma prática de questionamentos: questionando o outro e a si mesmo.

Os sujeitos também identificam como um importante saber a articulação entre a teoria e prática. A teoria comparece como fator determinante para iluminar a prática, para compreender e criar processos formativos. Retomando Nóvoa (1988), toda a formação deve se constituir em um processo de transformação individual: por meio do saber, do saber-fazer, do saber-conviver e do saber-ser.

Desse modo, penso que o processo de formação não pode ignorar a vivência dos docentes e dos formadores; não pode, igualmente, desconsiderar que o resultado do trabalho dos docentes e dos formadores nem sempre é perfeitamente claro, pois está imbricado em um conflito de interpretações que denota a incoerência das expectativas sociais frente às produções de uma escola.

Quanto à sinalização de mudanças e ao que levarão para os próximos encontros de formação, os analistas pedagógicos identificam como importante para as próximas ações formativas: retomada de discussões, mudança de postura em relação ao formando, valorização dos registros das ações como elemento estruturante e enriquecedor do processo de formação e a busca de outros dispositivos metodológicos. No entanto, o que se descortina, profundamente, é a valorização da subjetividade.

Nessa perspectiva, percebi que as sinalizações de mudanças estão intimamente vinculadas à subjetividade dos sujeitos, ou seja, foi possível verificar, nos relatos, a forma de organização desses sujeitos e os sentidos que atribuem à realidade estudada; os pensamentos, os modos de agir e sentir desvelados pelos analistas pedagógicos, que possibilitam pensar em diferentes elementos, que integrarão os próximos encontros de formação.

Assim, é imprescindível que as propostas de formação sejam pautadas na subjetividade dos formandos, considerando a forma de organização dos processos que se definem nos sentidos e significados que os sujeitos atribuem ao contexto de sua realidade.

O estudo empreendido nesta investigação mostra algumas possibilidades que poderão ser exploradas pelos analistas pedagógicos, nas ações formativas. Uma delas diz respeito às representações que os professores têm a respeito da expectativa da capacidade dos alunos. Na maioria dos relatos, há declaração da surpresa dos profissionais ao constatarem que os alunos dão conta de resolver atividades desafiadoras. Assim, é preciso repensar as ações formativas para incluir propostas que estimulem os docentes a desenvolverem atividades desafiadoras com os alunos, atividades que permitam aos mesmos revelarem suas competências e habilidades, seus saberes.

4.4 Movimentos no caminhar: dificuldades, desafios, superações, descobertas, avanços

As dificuldades que aponto na realização desta pesquisa dizem respeito tanto aos analistas pedagógicos como à pesquisadora. Os sujeitos não revelaram nas narrativas, mas apresentaram uma grande dificuldade no que diz respeito à própria elaboração de suas autobiografias educativas, principalmente, quando foi sugerido que eles escrevessem sobre: "como me tornei o que sou?" "Como tenho as ideias que tenho?"

Considerando que esses questionamentos eram sugestões para a elaboração da autobiografia educativa inicial, eles se sentiram muito incomodados com as perguntas; ficaram sem saber como responder e explicar para eles mesmos suas próprias evoluções, seus pensamentos, porém, após algumas discussões e reflexões, cada um, ao seu modo, elaborou a autobiografia inicial, na qual expressaram suas evoluções, seus sentidos, sentimentos, suas relações nos caminhos percorridos antes da vivência do Projeto *in loco*.

De outro lado, os analistas pedagógicos descobrem a complexidade do ato de aprender ao explicitarem suas dúvidas, incertezas, inquietações quanto ao próprio processo de formação e, neste em particular, aprendem que não há soluções prontas que o formador não é portador de todas as respostas e que o processo de formação de professores pressupõe uma busca coletiva de alternativas para responder as muitas questões da ambiência escolar.

Os analistas pedagógicos declaram também que, ao mesmo tempo que percebem as dificuldades dos professores por meio das atividades dos alunos, observam avanço na prática desses docentes. Nesse sentido, observei que eles constroem tentativas para a produção de mudanças substantivas nas suas relações com a escola, com os formandos e com seus próprios saberes, quando apontam as diferentes dimensões de avanço, as diversas necessidades e dificuldades, com a intenção de serem mais bem-cuidadas em processos formativos futuros; demonstram a importância das ações formativas.

O começar de novo revela avanços no processo de autoformação, pois pressupõe reolhar o vivido para descobrir suas omissões, confirmar suas concepções, de que poderiam ter se utilizado do questionamento para contribuir com a reflexão do professor, de confirmarem a necessidade de aprofundar o ouvir o professor e de compreenderem seu próprio movimento em relação à sua maneira de reagir, de fazer escolhas diante de acontecimentos inesperados no contexto do cotidiano escolar.

A pesquisa revela que os analistas pedagógicos encontram dificuldades durante a experiência do projeto, notadamente, quanto ao estabelecimento de vínculos de parceria com os docentes, pois os professores, embora se elegendo como voluntários para o trabalho conjunto, demonstraram a preocupação de estarem sendo avaliados pelos formadores; assim, os sujeitos declaram sentirem-se incomodados com essa situação.

Na relação de proximidade entre formando e formador, os analistas pedagógicos descobrem variantes que necessitam, nos contextos formativos, ser mais exploradas: descobrem, também, caminhos para desvendar algumas das reais dificuldades dos professores, bem como as suas próprias dificuldades, nas mais diversas dimensões do fazer pedagógico, tanto do professor como dele próprio. Essas descobertas propiciam o estabelecimento de relações consigo mesmo e com o outro, produzindo saberes, desvelando sentidos, favorecendo os caminhos da integração e da subordinação das próprias aprendizagens, ou seja, os sujeitos se permitem estar no processo de autoformação.

Decorrente da análise dos dados, quando os sujeitos indicam, de forma agudizada, que os sentimentos permeiam todas as suas reflexões, isto é, todas as suas análises críticas do trabalho realizado, questionando sua validade, o sentido que teve para eles e para os professores esse trabalho, concluo que há aprendizagens que não podem ser ensinadas em cursos de formação porque não podem ser aprendidas; elas só podem ser descobertas.

A descoberta, por sua vez, está na singularidade, na subjetividade; apenas o sujeito pode reconhecê-la. Nesse cenário, as descobertas de autoformação dos analistas pedagógicos ocorrem na experiência, na atribuição de sentidos aos significados encontrados, apresentados, vividos nos movimentos, nas relações com a realidade do contexto escolar. Descobertas gestadas no choque das representações desses sujeitos com o Projeto *in loco*, com a sua ação, com seus sentimentos, com a complexa vida do cotidiano escolar.

Por meio dos registros da autobiografia educativa final, foi possível enxergar que viver a experiência em um contexto formal de ensino e aprendizagem, em sala de aula, com o professor, proporcionou um deslocamento de linguagem, que passa a ser focada nas necessidades reais presentes na sala de aula.

Enquanto pesquisadora, minha grande dificuldade residiu na tarefa de entrar na lógica dos sujeitos, de apropriar-me de suas narrativas para compreensão e interpretação dos processos vividos pelos analistas pedagógicos. Esse trabalho exigiu de mim muita concentração para perceber o que acontece no interior e no exterior das autobiografias, evitando, assim, enxergar, nos relatos dos sujeitos, apenas os funcionários da instituição Sesi-SP; principalmente, um esforço em manter distância da gerente que sou em uma tentativa de falar de outro lugar, do lugar de pesquisadora.

Assim, refletir sobre o meu trabalho, a partir das narrativas dos analistas pedagógicos, possibilitou-me conhecer melhor quem são esses sujeitos, o que pensam, o que sentem, suas intenções enquanto formadores na relação com a procura de saberes e, principalmente, que todas as relações, seja do sujeito com ele, com o outro, com o meio e comigo, são sustentadas por uma dimensão afetiva. O exercício de compreensão – de interpretação das narrativas dos sujeitos enquanto modo individual de apropriação e de integração de uma pluralidade de saberes, sobre si e seus processos, ao longo da investigação – permitiu-me o entendimento de que o educador deve atentar, notadamente, para o saber-mudar, ou seja, a necessidade de saber mudar toda vez que o seu "ofício de educador" não estiver fazendo nenhuma diferença, seja para o individual ou para o coletivo.

De outro lado, possibilitou, também, um reposicionamento da minha própria relação com os analistas pedagógicos, da minha própria função de gerente, pois me permiti realizar a formação desses formadores de uma forma mais próxima, cuidando melhor das relações que se estabelecem, do enfrentamento de conflitos que até então não eram desvelados à gerente, mas que agora foram descortinados à pesquisadora, e, portanto, à formadora.

4.5 Fechando o caminho percorrido

Retomando as questões formuladas, no início deste trabalho,[56] no que se refere à busca de uma explicação para a diferença que há entre o discurso do professor e a sua prática na ambiência escolar, encontro apenas um dos sujeitos que não manifesta sentimentos de decepção frente à resistência do professor em mudar práticas pedagógicas, pois declara que entende a formação como um processo e, como tal, transformar concepções é complexo e exige tempo.

Com relação aos fatores que obstam os professores a lançarem-se às práticas mais condizentes com as necessidades educacionais atuais, concluo que, de modo geral, aqueles que não apresentam avanços é porque negam a apropriação do novo para não se arriscar, optando por permanecer nas situações nas quais têm domínio.

Diante dessa constatação, entendo que é preciso propor ações

---

[56] As questões encontram-se formuladas à p. 17 deste livro.

para que os analistas pedagógicos possam se apropriar de conhecimentos referentes à complexidade das transformações, de forma que os mesmos possam pensar em encaminhamentos possíveis, não se imobilizando pelos sentimentos de frustração, de desânimo, de decepção, revelados neste estudo, ao depararem com situações de resistência à mudança da prática dos docentes.

De outro lado, os analistas pedagógicos revelam que é possível romper com um ensino meramente transmissivo quando atividades desenvolvidas com alunos são pautadas na mobilização para o conhecimento, na investigação dos saberes prévios dos alunos, problematizando, avaliando continuamente a ocorrência ou não da aprendizagem. Revelam ainda que, aliadas às ações citadas, a intervenção e estímulo tornam possível romper com modelos prático-pedagógicos baseados apenas na memorização de regras, de fatos, de fórmulas; permitindo aos alunos sentirem-se presentes no processo de ensino e aprendizagem pois participam, questionam, criticam, colocam em movimento as operações mentais.

Dessa forma, os analistas pedagógicos se apropriam de algumas convicções em relação a um trabalho com propostas diversificadas, que lhes permitem, nos encontros de formação, dizer que é possível romper com uma prática meramente transmissiva, pois eles fizeram e comprovaram que é possível.

Minha expectativa inicial era extremamente reducionista, sendo enormemente ampliada, como se observou, diante dos resultados obtidos. Inicialmente, pensei que os sujeitos revelassem, com maior predominância, questões pedagógicas. No entanto, surpreendentemente constatei que, qualquer que seja a dimensão de aprendizagem, o que emerge e permeia os saberes construídos ou em construção são os anseios, as motivações e as necessidades, enfim, os sentimentos do "aprendente" e do "ensinante", que se confundem o tempo todo. Os sentimentos de alegria, de dúvidas, de incertezas, de surpresas, de medo, de satisfação foram explicitados muito fortemente por todos os sujeitos em todas as narrativas analisadas.

Esta pesquisa possibilitou, ainda, perceber que alguns dos saberes, produzidos pelos sujeitos, ocorrem não só pela vivência do Projeto *in loco*, mas pela própria metodologia empregada. A autobiografia educativa permitiu aos sujeitos refletirem sobre o seu ofício de formador, como apontado na análise das suas narrativas.

Desse modo, um dos caminhos apontados por esta investigação que, sob o meu ponto de vista contribuiria com os programas de formação continuada de formadores e formandos, é a metodologia utilizada, ou seja, o escrever sobre si e sobre seus processos pode constituir-se em uma estratégia de autoformação que, ao mesmo tempo que possibilita um repensar da própria prática, desvelam outras aprendizagens, outros conteúdos, outros questionamentos, em situações concretas de formação.

Durante este trabalho, percebi que o importante não é só compreender que a autoformação pode ocorrer pela vivência das próprias atividades, mas que a formação se consolida, principalmente, pela tomada de consciência do reconhecimento de si mesmo enquanto sujeito, ativo e passivo desse processo, que permite perceber-se no seu percurso de vida, com seus grupos de convívio, seus sentimentos e desejos.

Observei, ainda, que os analistas pedagógicos revelam seus anseios para estarem mais tempo com professores e alunos, para ampliar seu fazer e, principalmente, para aprender. Nesse aspecto, Josso (2004) afirma que o desejo do sujeito de ir além do tempo significa a tomada de consciência da dimensão formadora, ou seja, de ter iniciado um processo de conhecimento de si próprio. Essa tomada de consciência, aqui entendida como a atenção voltada para o desenvolvimento das próprias atividades, parece que possibilita ao sujeito constatar a importância do trabalho sobre si mesmo, objetivando melhorar o seu fazer e, portanto, constituindo integrações para autoformação.

Dessa forma, a partir do relato dos analistas pedagógicos, reafirmo, como Pineau (1988), que o poder de formação pertence àquele que se forma; poder que vai se materializando a partir da subjetividade do sujeito, ou seja, do seu próprio percurso de se organizar, de produzir sentidos, de pensar, agir e sentir, de compartilhar nos espaços e nas experiências vivenciadas: ele toma em suas mãos o poder de tornar-se sujeito do próprio processo de formação.

É, ainda, Pienau (1988) quem afirma que a história de vida permite ao sujeito reunir e ordenar seus diferentes momentos, construindo e regulando sua historicidade pessoal, que constituem características imprescindíveis da autoformação porque possibilita a própria construção e o conhecimento da autoformação. Desse modo, quando os sujeitos se reconhecem em suas narrativas, ao escreverem sobre si próprios, suas vidas profissionais, suas vivências no Projeto *in loco*, principalmente, sobre o seu saber, saber-fazer, o seu saber-ser e o seu saber-conviver, produzem seus sentidos, pois têm a possibilidade de conhecer seus próprios pensamentos, suas próprias concepções de aprendizagens, seus sentimentos, de enxergar as relações que estabelecem com o outro, enfim, de construir e regular a sua historicidade pessoal.

As narrativas referentes ao período anterior da vivência do Projeto *in loco* revelam que os analistas pedagógicos se referem a muitos conhecimentos relacionados à teoria, demonstram que já têm algumas aprendizagens de alguns saberes e de sentidos decorrentes dos processos de formação que realizam com os professores. No entanto, na vivência de suas atividades em sala de aula, essas aprendizagens, esses saberes, essa conquista de que está sabendo e, portanto, essa atribuição de sentido do que está acontecendo com eles se torna mais aguda, mais pessoal, porque a grande descoberta é que é possível fazer com o outro, é que a formação do outro implica na própria formação dele e que, ao formar o outro, a sua aprendizagem sobre relacionamentos, sobre o outro e sobre si mesmo é mais potencializada.

Em suma, por meio do presente trabalho, compreendi que a autoformação implica em um processo de atividades em que o sujeito é ativo no seu próprio processo de aprender, regulando seus objetivos, seus instrumentos, para integrar às suas experiências concretas novos esquemas de questionamentos e de investigação sobre como ocorre sua aprendizagem; analisando com quais modelos, em que contexto sente-se mobilizado a mudar;

descobrindo-se como sujeito e objeto da formação, visando organizar e reorganizar seus conhecimentos, seus saberes para pensar novas formas de ensinar.

Revendo a trajetória desta pesquisa, não posso deixar de registrar que, como pesquisadora, aprendi que a busca do conhecimento não é um caminho fácil de percorrer. Ao contrário, é como se empreender em uma viagem por meio de variados veículos de transporte: ora se está em moderníssima aeronave, ora se está em uma simples embarcação, tentando, com todas as forças, vencer a correnteza para chegar ao local de destino, que é sempre provisório.

Em contrapartida, são inúmeras as belezas e os prazeres do encontro com o saber que, de uma forma ou de outra, têm a magia de fazer esquecer o sofrimento dos desencontros, a angústia da busca de uma rota permeada de descaminhos.

Em conclusão, para aperfeiçoar processos de autoformação, importa experimentar novas formas que tenham possibilidades de levar a um maior empenhamento de cada um na sua própria formação, a um percurso permanente de interrogação, abrindo-se para novos desejos de realização para que:

" toda a humana docência sempre reinvente seu ofício, sem deixar morrer seu exercício e nem perder sua experiência"[57].

Referências bibliográficas

AGUIAR, W.M.J. Consciência e afetividade: categorias funda-

---

[57] Referência à última estrofe do poema de Cecília Meirelles, introdução deste trabalho.

mentais da Psicologia Sócio-Histórica. In: FURTADO, Odair et al. (Org.). *Psicologia Sócio-Histórica*. 2.ed. rev. São Paulo: Cortez Editora, 2002.

ALTET, M.; PAQUAY, L.; PERRENOUD P. et al. *A profissionalização dos formadores de professores*. Porto Alegre: Artmed Editora, 2003.

ANDRÉ, M.E.D.A. et. al. Análise de pesquisas sobre formação de professores: um exercício coletivo. Psicologia da Educação: Revista do Programa de Estudos Pós-Graduado, São Paulo, n. 10/11, p. 139-153, jan/dez. 2000.

AQUINO, J.G.; MUSSI, M.C. As vicissitudes da formação docente em serviço: a proposta reflexiva em debate. *Educação & Pesquisa*, Campinas, v. 27, n.2, p.211-227, jul/dez. 2001.

BARDIN, L. *Análise de conteúdo*. Lisboa/Portugal: Edições 70, Ltda., 1977.

BATISTA, S.H.S.S.; BATISTA, N.A. A formação do professor universitário: desafios e possibilidades. In: SEVERINO, A. J.; FAZENDA, I.C.A.(Org.). *Formação Docente: rupturas e possibilidades*. Campinas: Papirus, 2002.

BUENO, B.O. O método autobiográfico e os estudos com histórias de vida de professores: a questão da subjetividade. *Educação e Pesquisa*, São Paulo, v.28, n.1. p.11-30, jan/jun. 2002.

BZUNECK, J.A. As crenças de autoeficácia dos professores. In: SISTO, F.F.; OLIVEIRA, G.C.; FINI, L.D.T. (Org.). *Leituras de psicologia para formação de professores*. Petrópolis, RJ: Editora

Vozes, 2000.

CARVALHO, J.M.; SIMÕES, R.H.S. O processo de formação continuada de professores: uma construção estratégico-conceitual expressa nos periódicos. Série estado do Conhecimento nº 6, Brasília, 2002.

CATANI, D. B. Práticas de formação e ofício docente. In: BUENO, B. O.; CATANI, D. B; SOUSA, C.P. de. *A vida e ofício dos professores*. 2.ed. São Paulo: Escrituras, 2000.

_____ B.D. et al. *Docência, memória e gênero:* estudos sobre formação. 4.ed. São Paulo: Escrituras, 2003.

CHENÉ, A. A narrativa de formação e a formação de formadores. In: NÓVOA, A.; FINGER, M. (Org.). O método (auto) biográfico e a formação. *Cadernos de Formação*, Lisboa/Portugal, n.1, março/1988, p.87-97.

DOMINICÉ, P. A biografia educativa: instrumento de investigação para a educação de adultos. In: NÓVOA, A.; FINGER, M. (Org.). O método (auto)biográfico e a formação. *Cadernos de Formação*, Lisboa/Portugal, n.1, março/1988a, p. 99-106.

_____. O processo de formação e alguns dos seus componentes relacionais. In: NÓVOA, A.; FINGER, M. (Org.). O método (auto)biográfico e a formação. *Cadernos de Formação*, Lisboa/Portugal, n.1, março/1988b, p. 51-61.

_____. O que a vida lhes ensinou. In: NÓVOA, A.; FINGER, M. (ORG.). O método (auto)biográfico e a formação. *Cadernos de Formação*, Lisboa/Portugal, n.1, março/1988c, p.131-153.

FINGER, M. As implicações sócio-epistemológicas do método biográfico. In: NÓVOA, A.; FINGER, M. (ORG.). O método (auto)biográfico e a formação. *Cadernos de Formação*, Lisboa/Portugal, n.1, março/1988, p. 79-86.

FERRAROTI, F. Sobre a autonomia do método biográfico. In: NÓVOA, A.; FINGER, M. (Org.). O método (auto)biográfico e a formação. *Cadernos de Formação*, Lisboa/Portugal, n.1, março/1988, p. 17-34.

FERRERO, Emília. *Atualidade de Jean Piaget*. Porto Alegre: Artmed Editora, 2001.

FONTOURA, Maria Madalena. Fico ou vou-me embora? In NÓVOA, A. (Org.). *Vida de professores*. 2. ed. Lisboa: Porto Editora, 1995. p. 141-170 (Ciências da educação; v.4).

FRANCO, M. L. P. B. Análise do conteúdo. Série Pesquisa em Educação. Brasília: Plano Editora, 2003.

GARCÍA, C.M. *Formação de Professores – Para uma mudança educativa*.. 2. ed. Porto: Porto Editora, 1999. (Coleção Ciências da Educação Século XXI)

_____. C.M. A formação de professores: novas perspectivas baseadas na investigação sobre o pensamento do professor. In: NÓVOA, Antônio (Coord.). *Os professores e sua formação*. 3. ed. Lisboa: Publicações Dom Quixote Instituto de Inovação Educacional, 1997.

GATTI, B.A. A construção da pesquisa em educação no Brasil. Série Pesquisa em Educação, v.1. Brasília: Plano Editora, 2002.

GÓMEZ, A.P. O pensamento prático do professor – A formação

do professor como profissional reflexivo. In: NÓVOA, A. (Coord.). *Os professores e sua formação*. 3. ed. Lisboa: Publicações Dom Quixote Instituto de Inovação Educacional, 1997.
GONÇALVES, J. A. A carreira dos professores do ensino primário. In: NÓVOA, A (Org.). *Vida de professores*. 2.ed. Lisboa: Porto Editora, 1995. p. 141-170 (Ciências da educação; v.4).
GONÇALVES, M. da G. M. A Psicologia como ciência do sujeito e da subjetividade: o debate pós-moderno. In: FURTADO, O. et al. (Org.). *Psicologia sócio-histórica*. 2.ed.rev. São Paulo: Cortez Editora, 2002.
HADJI, C. *Pensar e agir a educação*. Porto Alegre: Artmed Editora, 2001.

_____ A formação permanente de professores: Uma necessidade da era da profissionalização. *Pátio Revista Pedagógica*, Porto Alegre, ano V, n. 17, maio/julho, 2001.
HERNÁNDEZ, F. Formação docente: o desafio da qualificação cotidiana. *Pátio Revista Pedagógica*, Porto Alegre, n. 4, fev./abr. 1998.
JOSSO, C. Da formação do sujeito... Ao sujeito da formação. In: NÓVOA, A; FINGER, M. (ORG.). O método (auto)biográfico e a formação. *Cadernos de Formação*, Lisboa/Portugal, n.1, março/1988, p.35-50

_____ História de vida e projetos. *Educação e Pesquisa*, São Paulo, v.25, n. 2. p. 11-23, jul/dez. 1999.

_____ Experiências de vida e formação. São Paulo: Cortez Editora, 2004. KENSKY, V. M. Memórias e formação de professores: interfaces com as novas tecnologias de comunicação, In:

CATANI, B.D. et al. (Org.). *Docência, memória e gênero: estudos sobre formação*. 4.ed. São Paulo: Escrituras, 2003.

KOSIK, K. *Dialética do concreto*. 7. ed. São Paulo: Editora Paz e Terra S/A, 1976.

LEITE, S.A. da S; TASSONI, E.C.M. A afetividade em sala de aula: as condições de ensino e a mediação do professor. In: AZZI, R.G.; SADALLA, A.M.F. de A.(Org.). *Psicologia e formação docente: desafios e conversas*. São Paulo: Casa do Psicólogo, 2002.

LIBÂNEO, J.C. Reflexividade e formação de professores: outra oscilação do pensamento pedagógico brasileiro? In: PIMENTA, S.G.; CHEDIN, E. (Org.). *Professor reflexivo no Brasil*. São Paulo: Cortez Editora, 2002.

MACIEL, M. D. *Autoformação de docente: limites e possibilidades*. 2001. 167 p. Tese (Doutorado em Psicologia da Educação) – Programas de Estudos Pós-Graduados em Psicologia da Educação, Pontifícia Universidade Católica de São Paulo, São Paulo.

MAZZOTTI, A.J.A. A abordagem estrutural das representações sociais. *Psicologia da Educação: Revista do Programa de Estudos Pós--Graduado*, São Paulo, n. 14/15, p. 17-37, 1º e 2º sem. 2002.

MEIRELES, C. *Flor de poemas*. Rio de Janeiro: Editora Nova Fronteira, 1983.

MOITA, M.C. Percursos de formação e de transformação. In NÓVOA, A (Org.). *Vida de professores*. 2. ed. Lisboa: Porto Editora, 1995. p. 111-139 (Ciências da educação; v.4).

MOROZ, M; GIANFALDONI, M.H.T. *O processo de pesquisa: Ini-*

ciação. Brasília: Plano Editora, 2002. (Série Pesquisa em Educação.)
SANTOS NETO, E. Vida de educadores. Educação e linguagem, São Paulo, ed. especial, p. 17-44, jan/dez 2001.
NÓVOA, A; FINGER, M. (Org.) O método (auto)biográfico e a formação. *Cadernos de Formação*, Lisboa, n. 1, março/1988.
_____ A. (Org.). *Os professores e sua formação*. 3 ed. Porto: Porto Editora, 1997.
_____ Os professores e as histórias da sua vida. In: NÓVOA, A (Org.). *Vida de professores*. 2.ed. Lisboa: Porto Editora, 1995. (Ciências da educação; v.4)
_____ Prefácio. In: JOSSO, M.C. *Experiências de vida e formação*. São Paulo: Cortez, 2004.
NUNES, C.M.F. Saberes Docentes e formação de professores: um breve panorama da pesquisa brasileira. *Educação & Sociedade*, Campinas, v. 22, n.74, p. 27-42, abr. 2001.
ORSOLON, L.A.M. O coordenador/formador como um dos agentes de transformação da/na escola. In:ALMEIDA, L.R.; PLACCO, V.M.N.S. (Org.). *O coordenador pedagógico e o espaço de mudança*. São Paulo: Edições Loyola, 2001.
PETRAGLIA, I.C. *Edgar Morin: A educação e a complexidade do ser e do saber*. Petrópolis: Rio de Janeiro: Vozes, 2001.
PIMENTA, S.G. (Org.). Saberes pedagógicos e atividade docente. São Paulo: Cortez, 1999. _____. Professor reflexivo: construindo uma crítica. In: PIMENTA, S.G.; CHEDIN, E. (Org.). *Professor reflexivo no Brasil*. São Paulo: Cortez, 2002.
PINEAU, G. A autoformação no decurso da vida entre a hétero e

a ecoformação. In: NÓVOA, A.; FINGER, M. (Org.). O método (auto)biográfico e a formação. *Cadernos de Formação*, Lisboa/ Portugal, n.1, março/1988, p. 63-77.

PLACCO, V.M.N.S. *Formação e prática do educador e do orientador*. 5. ed. Campinas: Papirus, 1994.

_____. Relações interpessoais em sala de aula e desenvolvimento pessoal de aluno e professor. In: ALMEIDA, L.R.; PLACCO, V.M.N.S. (Org.). *As relações interpessoais na formação de professores*. São Paulo: Loyola, 2002.

_____; SILVA, S.H.S. A formação do professor: reflexões, desafio, perspectivas. In: BRUNO, E.B.G.; ALMEIDA, L.R.; CHRISTOV, L.H.S. (Org.). *O coordenador pedagógico e a formação docente*. 5. ed. São Paulo: Loyola, 2004.

REY, F.G. *Sujeito e subjetividade*. São Paulo: Pioneira Thomson, 2003.

RIOS, T.A. *Compreender e ensinar: por uma docência de maior qualidade*. 2. ed. São Paulo: Cortez Editora, 2001.

SACRISTÁN, J.G.; GÓMEZ, A.P. *Compreender e transformar o ensino*. 4. ed. Porto Alegre: Artmed Editora, 2000.

_____ Tendências investigativas na formação de professores. *Inter-ação, Revista da Faculdade de Educação da UFG*, Goiás, n. 2, p. 81-87, jul/dez. 2000.

SARRE, P.L. *¿Cómo aprenden los maestros?* Conferência Inaugural, Puebla, 8 de noviembre de 2002.

SCHÖN, D. A Formar Professores Como Profissionais Reflexivos. In: In: NÓVOA, A. (Cord.). *Os Professores e sua formação*. 3. ed. Lisboa: Publicações Dom Quixote Instituto de Inovação

Educacional, 1997.

TARDIF, M. *Saberes docentes e formação profissional.* 2.ed. Petrópolis, RJ: Vozes, 2002.